하나님이 내 기도를 들으실까?

하나님이 내 기도를 들으실까?

초판 1쇄 발행 / 2016년 12월 15일
초판 3쇄 발행 / 2020년 11월 9일

지은이 / 조약돌
펴낸이 / 신은철
펴낸곳 / 좋은씨앗
출판등록 / 제4-385호(1999. 12. 21)
주소 / 서울시 서초구 바우뫼로 156(MJ 빌딩), 402호
주문전화 / (02)2057-3041 주문팩스 / (02)2057-3042
e-mail / good-seed21@hanmail.net

www.facebook.com/goodseedbook

ISBN 978-89-5874-271-5 04230

이 책의 저작권은 〈좋은씨앗〉에 있습니다.
신저작권법에 의하여 보호를 받는 저작물이므로 무단 전재와 복제를 금합니다.

단단한 기독교 시리즈 4

하나님이 내 기도를 들으실까?

주기도문으로 배우는 '들으시는 기도'의 여덟 가지 원리

조약돌

차례

추천의 글 • 6

여는 글: 하나님이 내 기도를 들으실까? • 8

1장 주기도문에서 삼위 하나님과 교제하다 • 17

2장 하늘에 계신 우리 아버지 • 27

3장 아버지의 이름이 거룩히 여김을 받기 바랍니다 • 37

4장 아버지의 나라가 임하기를 바랍니다 • 49

5장 아버지의 뜻이 하늘에서와 같이
이 땅에서 이루어지기를 바랍니다 • 59

6장 우리에게 오늘 필요한 것을 주십시오 • 67

7장 우리가 용서받은 것같이 형제를 용서하게 해주십시오 • 75

8장 우리가 시험 당할 때 건지시고
죄에 빠지지 않게 도와주십시오 • 85

9장 나라와 권세와 영광이 아버지께 영원히 있습니다 • 95

맺는 글: 나를 내려놓고 기도할 시간 • 105

주기도문 관련 추천 도서 • 109

추천의 글

우리가 기도를 열심히 했는데 하나님이 듣지 않으신다면 얼마나 허망할까요? 기도를 열심히 하는 것은 중요하지만 옳게 하지 않으면 이방인의 기도가 되기 쉽습니다. 하나님은 어떤 기도를 들으실까요?

이 책은 하나님이 들으시는 기도가 성경에, 특별히 주기도문에 계시되어 있다고 말합니다. 저자는 주기도문을 여덟 가지 원리로 나누어 얼마나 쉽고 맛깔스럽게 설명하고 있는지 모릅니다. 자신의 경험을 반면교사로 솔직하게 말하며, 실생활의 여러 일들을 예로 들어 재미있게, 그러면서도 깊이 있게 기도에 대해 이야기합니다.

이 책의 장점은 무엇보다 삼위일체의 관점으로 전체 성경의 내용을 통해 기도를 설명하고 있다는 점입니다. 한두 시간의 집중력을 발휘한다면 주기도문의 깊은 내용을 풍성하게 접하게 될 것입니다.

정요석_ 세움교회 담임목사, 『소요리 문답, 삶을 읽다』 저자

"하나님이 내 기도를 들으실까?" 약간 당혹스러운 질문이기도 합니다. 저자는 교회 안에서 거의 다루지 않았던 이 질문을 제기하며 독자들을 '들으시는 기도'로 인도하고 있습니다. 그 기도의 원리는 주기도문에 나타나 있고, 이 책은 그 원리들을 다루고 있습니다. 이 책은 소책자로 주기도문에 대해 신자들이 꼭 알아야 할 기본적인 내용들을 아주 쉽고 현실감 있게 다루고 있습니다. 도대체 주기도문이 무엇인지, 이 기도문에 담긴 의미가 무엇인지, 어떻게 사용해야 하는지 잘 모르는 분이라면 이 책부터 읽기를 권합니다. 이 책을 읽고 나면 기도하고 싶은 생각이 들고 더 깊은 기도의 세계에 들어갈 마음이 생길 것입니다.

이성호_ 고려신학대학원 역사신학 교수

여는 글
하나님이 내 기도를 들으실까?

기도가 뭐길래

기도하기 힘들지 않으세요? 고백하자면, 제가 그리스도인이 되고 나서 예배드릴 때 가장 힘든 게 기도였습니다. 찬양은 함께 부르면 되고, 말씀은 앉아서 들으면 되고, 그밖의 순서들도 사람들 속에 묻어 갈 수 있었지만 기도는 달랐습니다.

특히 대표로 기도해야 하는 시간은 오롯이 저 혼자만의 몫이었습니다. 기도를 시작하는 순간 그 공간은 침묵에 휩싸입니다. 모두가 눈을 감은 채 제가 하는 말 하나하나에 귀를 기울입니다. 저도 극도의 긴장 상태가 됩니다. 털들이 쭈뼛 일어서고 정수리에서 솟은 땀방울이 구레나룻과 목덜미, 콧등을 타고 흐릅니다.

    기도문을 미리 준비해 가면 문제가 없습니다. 모두들 제가 낭독하는 기도문에 아멘으로 화답할 테니까요. 문제는 갑자기 호명당하는 순간입니다. 도망도 못 갑니다. 어찌어찌하여 기도를 마칠 무렵이면 무슨 말을 했는지 기억나지도 않습니다. 제 기도에 감동이라도 받은 듯 모두가 큰 소리로 일제히 "아멘" 하면 비로소 안도합니다. 하지만 저는 압니다. 제가 기도한 게 아니라는 것을…. 그저 듣기 좋은 종교적 언어를 사용하여 잠시 남들 귀에 들려주었을 뿐입니다. 그곳에 삼위 하나님은 없었습니다.

    기도를 어떻게 해야 하는지, 왜 해야 하는지 처음엔 몰랐습니다. 아무도 제게 기도를 가르쳐 주지 않았습니다. 기도가 무엇인지, 누구에게 하는 것인지, 왜 예수님의 이름으로 마무리하는지 가르쳐 주지 않았습니다. 저는 상당히 궁금했지만요. 그래서 시도한 방법이 다른 사람의 기도를 무작정 따라해 보는 것이었습니다.

    1990년대 초·중반에 주보 자료집이라는 것이 있었습니다. 그 안에는 없는 것이 없었습니다. 찬양 악보, 성경 퀴즈, 미로 찾기, 숨은 그림 찾기, 영혼을 울리는 시, 수필, 예쁜 그림과 클립아트들이 종합 세트처럼 들어 있었습니다. 감사하게도 기도문도 있었습니다. 저는 그 기도문에서 이 말 저 말을 짜깁기해서 사용했습니다. 기도는 이렇게 자기 마음을 아름다운 말로 옷 입혀서 표현하는 것인가보다 생각했습니다.

짜깁기가 싫증날 무렵, 찬양 집회라는 단비가 쏟아졌습니다. 아, 얼마나 좋던지요. 찬양 인도자의 멘트 하나하나가 주옥같은 기도문이고, 심금을 울리는 하늘의 음성처럼 다가왔습니다. 찬양곡 가사를 조금만 바꾸면 아름다운 언어로 기도할 수 있었습니다.

찬양곡 가사와 인도자들의 멘트를 조합하고, 조금씩 늘어나는 성경 지식을 더하여 사람들에게 기도로 제 자신을 드러냈습니다. 이제는 누가 대표 기도를 안 시키면 서운할 정도였습니다. 기도 단상에 오르면 되도록 기도를 오래 하려고도 했습니다. 그래야 신앙이 좋아 보이고 지식도 뽐낼 수 있으니까요. 때론 호통도 쳤습니다. 기도 좀 하라고요. 왜 기도하지 않느냐, 기도는 호흡이다, 기도하지 않으면 죽은 것이다… 어디서 주워들은 이야기로 사람들을 정죄했습니다.

정작 저는 개인적으로 기도를 자주, 오래하지는 않았습니다. 기도를 남 앞에서 하는 것에 익숙해졌기 때문입니다. 개인적으로 절박한 필요가 생기면 잠시 소리 높여 기도하기는 했지만, 대개는 남들 앞에서 하는 기도였습니다. "주여, 주여"라고 외쳐도 그건 주님이 아니라 남들 귀에 들리라고 하는 소리였습니다.

'듣지 않으시는 기도'라니요

그러다가 하나님의 은혜로 기도를 제대로 배울 기회가 생겼습니다. 대학부 시절 금요일마다 '꼬박기도회'가 있었습니다. '꼬박'이라는 말이 얼마나 마음에 들던지요. 돌이켜보면 먹고 떠들며 보낸 시간이 좀 더 많았던 것 같지만, 꼬박 밤새워 기도하자는 좋은 뜻으로 시작한 모임이었습니다.

   기도회 첫날, 전도사님은 기도를 바르게 하려면 우선 성경에서 기도에 대해 뭐라고 말하는지 알아야 한다고 했습니다. 그러면서 함께 읽었던 책이 김홍전 박사의 『듣지 아니하시는 기도』였습니다. 기도란 무엇이고, 어떻게 하는 것인지부터 배울 줄 알았는데 시작부터 '듣지 않으시는 기도'라니요. 처음에는 제목이 이상해서 그저 그랬습니다. 하지만 이내 큰 충격을 받았습니다. 이제껏 제가 해온 기도는 하나님이 듣지 않으시는 기도였기 때문입니다. 애써 태연한 척했지만 슬프고 한편으로 억울했습니다. 이제까지 제가 했던 기도를 하나님이 듣지 않으셨을지 모른다고 생각하니 무섭기도 했습니다.

저의 가장 큰 문제는 기도만 했지 응답에는 별로 신경 쓰지 않는다는 것이었습니다. 정확히 말하자면 응답에 무관심했습니다. 제 말 하기에 바빠서 하나님이 무슨 말씀을 하시는지에는 관심이 없었습니다. 그것은 기도를 들으시는 하나님이 어떤 분인지 이해하지 못한 채 그분과 상관없이 늘어놓는 기도였습니다. 그마저도 기도를 마치고 돌아서면 무엇을 구했는지 잘 생각나지 않았습니다.

기도에 대해 배운 후, 하나님이 제 기도를 들으시면 좋겠다는 간절함이 생겼습니다. 더 이상 제 기도가 울리는 꽹과리가 되지 않기를 바라게 되었습니다. 자연스레 '들으시는 기도'에 집중하기 시작했습니다. 그러면서 제 기도를 들으시고 응답하시는 하나님이 어떤 분인지 아는 게 중요하다는 생각이 들었습니다.

이와 관련해 하나님은 제게 가장 중요한 사실을 알려 주셨습니다. 하나님은 '주시는 분'이고, 우리는 '받는 자'라는 것입니다. 기도를 들으시는 하나님은 세상을 다스리시는 창조주이자 우리 아버지시며, 기도를 드리는 우리는 그분의 피조물이자 자녀라는 사실이었습니다. 하나님이 주시지 않으면 우리는 무엇 하나 받을 수 없습니다. 그런데 자녀인 우리가 구할 때 아버지

되신 하나님은 한없는 사랑과 은혜를 베풀어 주십니다. 기도란 이런 하나님과 우리의 관계를 확인하는 자리입니다.

기도해야만 하나님이 우리에게 필요한 것을 주시는 것은 아닙니다. 아버지는 자녀들의 필요를 항상 돌보시니까요. 바울은 이런 하나님을 "만민에게 생명과 호흡과 만물을 친히 주시는" 분(행 17:25), 복 되고 유일하신 주권자, 만왕의 왕, 만유의 주로서 모든 것을 후히 주사 누리게 하시는 분이라고 고백합니다(딤전 6:15-18).

그럼에도 하나님은 '기도'를 통해 우리가 그 복을 누리도록 하십니다. 구하지 않고도 받고 누릴 수 있지만 구하는 과정을 통해, 즉 기도를 통해 우리가 누구인지, 하나님은 어떤 분이신지 분명하게 알기 바라시기 때문입니다. 이렇게 기도하는 가운데 우리는 모든 좋은 것을 주시는 하나님을 만납니다. 기도를 통해 하나님과 친밀한 교제를 나누게 됩니다.

이런 만남과 교제가 있는 기도가 바로 하나님이 '들으시는 기도'입니다. '들으시는 기도'를 한다는 것은 달리 말해 하나님을 바로 알고 기도하는 것입니다. 반면에 '듣지 않으시는 기도'를 한다는 것은 하나님을 잘 모른 채 내 마음대로 그분을 상상하고 조작하면서 기도하는 것입니다.

예수님만큼 하나님에 대해 잘 아는 분이 또 있을까요? 예수님은 "보이지 아니하는 하나님의 형상이시요 모든 피조물보다 먼저 나신"(골 1:15) 분입니다. 그런 분이 하나님께 드리는 기도는 어땠을까요? 그런 분이 기도에 대해 가르쳐 주신다면 얼마나 좋을까요? 감사하게도 예수님은 우리에게 직접 기도의 본을 보여 주셨습니다. 바로 주기도문입니다.

주기도문은 일차적으로 제자들이 기도를 가르쳐 달라고 요청해서 주신 것이지만(눅 11:1), 동시에 우리 주 예수님이 가장 잘 알고 친밀한 아버지 하나님께 직접 기도하신 내용이기도 합니다. 주기도문을 이루는 부름과 송영 그리고 여섯 가지 간구를 통해 기도하는 우리는 누구인지, 기도를 들으시는 하나님은 어떤 분이신지 더 깊이 알고, 그래서 '들으시는 기도'에 한 걸음 더 다가가게 되시기 바랍니다.

이 책이 나오기까지 함께해 주신 분들에게 감사를 전합니다. 우선 이 책의 시작이 되었던 말씀을 함께 나눈 사랑하는 광주은광교회 고등부, 중등부 친구들(2011-2014년)과 사역의 길을 열어 주신 전원호 목사님께 감사합니다. 원고를 꼼꼼하게 읽고 귀한 조언을 해주신 황환승 전도사님, 초고 교정을 봐주신 장희주 집사님께 감사합니다. '들으시는 기도'가 무엇인지 처음 가르쳐 주신 윤성헌 목사님과 이 책뿐 아니라 모든 일에서 항상 저를 응원해 주신 박승규 형님께 감사합니다. 특별히 새벽마다 저를 위해 기도해 주시는 부모님, 두 아이(가온, 하온)를 양육할 뿐 아니라 가장 문제아인 저를 인내심으로 대해 주고 바쁜 와중에도 이 책을 처음부터 마지막까지 챙겨 준 아내 송미나에게 감사합니다.

성령의 은혜로 그리스도 안에서 한 아버지를 섬기는 형제된

조약돌

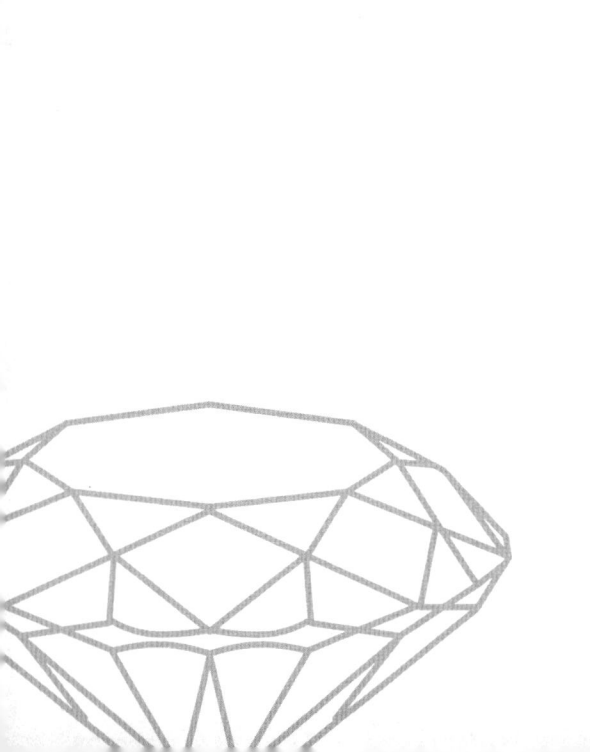

주기도문에서 삼위 하나님과 교제하다

첫째 딸이 즐겨 부르던 노랫말이 있습니다. "사랑해요 이 한마디 참 좋은 말… 이 말이 좋아서 온종일 신이 나지요. 이 말이 좋아서 온종일 가슴이 콩닥콩닥한대요. 나는 나는 이 한마디가 정말 좋아요. 사랑 사랑해요." 아이는 노래 끝에 늘 "엄마 아빠 사랑해요" 하며 아내와 제 품에 안겨 뽀뽀를 해주었습니다.

'사랑'이란 언제 들어도 따뜻하고 기분 좋아지는 말입니다. 사람들이 가장 듣고 싶은 말 1위가 "사랑해"라고 합니다. 그만큼 사랑은 강력합니다. 사랑에는 어떤 어려움과 슬픔도 이기는 신비한 힘이 있습니다. 그런데 아쉽게도 우리의 사랑은 변합니다. 이기적인 목적으로 잘못 사용되기도 합니다. 우리는 사랑받는 것은 좋아하지만 사랑을 주는 데는 서툴고 인색합니다.

그런데 진실하고 변함없을 뿐 아니라 한없이 이타적인 사랑이 있습니다. 바로 우리를 향한 주님의 사랑입니다. 그것은 "자기 사람들을 사랑하시되 끝까지 사랑[하시는]"(요 13:1) 사랑입니다. 그 사랑은 다함이 없고 시들지 않습니다. 영원토록 샘솟고 넘치도록 풍성한 사랑입니다.

우리를 향한 주님의 사랑이 이처럼 놀라운 이유는 하나님 자체가 '사랑'이시기 때문입니다(요일 4:7-8). 성부, 성자, 성령이신 하나님은 삼위일체의 관계 속에서 그 사랑의 진면목을 친히 보여 주셨습니다.

성자 예수님은 영원 전부터 하나님께 사랑받는 아들이십니다(요 5:20). 성자 예수님은 그런 아버지 하나님을 사랑하십니다(요 14:31). 이런 성부 하나님과 성자 하나님의 사랑이 성령 하나님을 통해 우리 마음에 부어집니다(롬 5:5). 더불어 성부 하나님은 성령 하나님을 통해 성자 하나님을 사랑하십니다. 또한 성자 하나님은 성령 하나님을 통해 성부 하나님을 기뻐하고 사랑하십니다.

신비로운 삼위 하나님의 사랑은 우리 사랑의 근거가 됩니다. 삼위 하나님이 그 관계 속에서 나누시는 친밀한 교제와 교통하심이 우리가 누려야 할 사랑의 관계입니다.

　진실한 사랑은 친밀한 교제로 나타나는 법입니다. 우리가 하나님과 나누는 사랑의 교제는 여러 형태로 표현될 수 있지만 기도만큼 달콤한 것도 없습니다. 예수님은 기도를 통해 아버지 하나님과 나누는 교제가 얼마나 소중하고 기쁜 일인지 몸소 보여 주셨습니다. 실제로 예수님의 사역과 기도는 따로 떼어 놓고 생각할 수 없습니다.

　우리도 때론 그렇게 사랑하지 않습니까? 항상 같이 있고 싶고, 목소리가 듣고 싶고, 헤어지고 싶지 않습니다. 심지어 보고 있어도 보고 싶습니다. 그만큼 사랑은 서로를 당겨 밀착시키며 둘만의 은밀한 관계 속으로 들어가게 만듭니다. 그 속에서 우리는 깊이 교제하고 사귀며 서로를 알아 갑니다.

　사랑이신 하나님은 기도를 통해 우리와 만나고 교제하기를 원하십니다. 사귐의 기도가 깊어질수록 우리는 자신이 누구인지, 하나님이 어떤 분이신지 더 분명하게, 더 깊이 알아가게 됩니다. 특히 주 예수님이 가르쳐 주신 기도는, 우리를 사랑하실 뿐 아니라 우리가 기꺼이 사랑해야 할 대상이신 하나님께 집중하도록 이끕니다. 주기도문은 사랑 자체이신 하나님과 우리의 교제와 사귐이 어떤 원리를 따라 이루어지는지 구체적이고 풍성한 그림을 그리고 있습니다.

예수님은 친절하게도 사랑의 하나님이 들으시고 응답하시는 기도를 의미 있는 일련의 순서대로 알려 주셨습니다. 주기도문을 이루는 각 간구들은 서로 긴밀한 연관을 이루고 있으므로 세심하게 살펴볼 필요가 있습니다. 한눈에 볼 수 있도록 표로 정리해 보았습니다.

주기도문은 여섯 개의 간구와 그 앞뒤에 붙은 '아버지를 부름'과 '맺음의 송영'까지 여덟 단락으로 구성되어 있습니다. 첫 번째에서 세 번째 간구는 하나님 아버지께 영광 돌리기 위해 우리가 간구해야 하는 것으로서 "하나님 아버지, 모든 영광을 받으시옵소서"라는 제목으로 묶을 수 있습니다. 네 번째에서 여섯 번째 간구는 우리를 위해 간구하는 것으로서 "하나님 아버지께 영광 돌리기 위한 우리의 모든 필요를 채워 주시옵소서"라는 제목으로 묶을 수 있습니다.

기도라는 것이 본래, 성부 하나님께 성령 하나님의 도우심을 받아 성자 예수 그리스도의 이름으로 우리의 죄를 회개하고 소원을 올리는 것이기 때문에, 각 간구들은 삼위 하나님의 일하심을 기준으로 다음과 같이 구분할 수도 있습니다.

성부 하나님은 천지의 창조자이자 섭리의 아버지로서 이름에 합당한 경배와 찬양을 받으시며(첫 번째 간구), 나라와 뜻은 아버지께만 있으며(두 번째, 세 번째 간구), 아버지는 우리의 마

주기도문 개요

부름(대상)		하늘에 계신 우리 아버지여
하나님 아버지, 모든 영광을 받으시옵소서	첫 번째 간구	이름이 거룩히 여김을 받으시오며
	두 번째 간구	나라가 임하시오며
	세 번째 간구	뜻이 하늘에서 이루어진 것같이 땅에서도 이루어지이다
하나님 아버지께 영광 돌리기 위한 우리의 모든 필요를 채워 주시옵소서	네 번째 간구	오늘 우리에게 일용할 양식을 주시옵고
	다섯 번째 간구	우리가 우리에게 죄 지은 자를 사하여 준 것같이 우리 죄를 사하여 주시옵고
	여섯 번째 간구	우리를 시험에 들게 하지 마시옵고 다만 악에서 구하시옵소서
맺음(송영)		(나라와 권세와 영광이 아버지께 영원히 있사옵나이다 아멘)

음을 살펴 필요한 모든 것을 아시고(네 번째 간구), 우리의 죄를 자비로 용서하시고(다섯 번째 간구), 모든 시험에서 보호하십니다(여섯 번째 간구).

성자 예수님은 우리와 하나님 아버지 사이의 유일한 중보자로서 왕의 모든 존귀와 영광을 받으시고(첫 번째 간구), 은혜와 영광의 나라를 통치하시며(두 번째 간구), 선지자로서 그 뜻에 우리의 소원을 일치하게 하실 뿐 아니라(세 번째 간구), 우리에게 필요한 것을 아들의 이름으로 구하도록 하시고(네 번째 간구), 제사장으로서 우리의 죄를 없애 주시고(다섯 번째 간구), 왕으로서 우리를 악에서 구하십니다(여섯 번째 간구).

성령 하나님은 지혜와 계시의 영으로서 우리에게 아버지의 이름과 나라와 뜻이 무엇인지 말씀을 통해 알려 주시고(첫 번째, 두 번째, 세 번째 간구), 우리에게 가장 합당하고 긴급하게 필요한 것이 무엇인지 잘 분별하도록 지혜를 주시며, 우리 마음을 새롭게 하여 신앙을 북돋아 주십니다(네 번째, 다섯 번째, 여섯 번째).

이와 같이 주님이 가르치신 기도에는 삼위 하나님과 우리가 나누는 교제와 사귐이 고스란히 녹아 있습니다. 그러므로 주기도문을 무슨 주문이나 예배를 마무리하는 단순한 의례적 기도문으로 생각해서는 안 됩니다. 주기도문은 우리를 향한 하나님의 사랑이 고스란히 담긴 편지이자 삼위 하나님이 그 사랑으로 어떻게 일하시는지 알려 주는 복된 소식입니다. 그렇게 놀라운 기도를 제대로 알고 싶지 않습니까?

이제 주기도문을 이루는 각 간구에 대해 구체적으로 살펴보겠습니다. 주님이 가르쳐 주신 기도, 하나님이 듣고 응답하시는 기도의 세계로 들어가 봅시다.

같은 듯 다른, 다른 듯 같은 마태복음과 누가복음의 주기도문

주기도문은 사복음서 중 마태복음 6장 9-13절과 누가복음 11장 2-4절에만 나옵니다. 두 본문은 미묘하게 같은 듯 다른 구석이 있습니다. 일단 마태복음의 일부 내용이 누가복음에는 없습니다. 한글 성경을 근거로 비교하면 다음과 같습니다.

마태복음 6:9-13	누가복음 11:2-4
그러므로 너희는 이렇게 기도하라	예수께서 이르시되 너희는 기도할 때 이렇게 하라
하늘에 계신 우리 아버지여	아버지여
이름이 거룩히 여김을 받으시오며	이름이 거룩히 여김을 받으시오며
나라가 임하시오며	나라가 임하시오며
뜻이 하늘에서 이루어진 것같이 땅에서도 이루어지이다	
오늘 우리에게 일용할 양식을 주시옵고	우리에게 날마다 일용할 양식을 주시옵고
우리가 우리에게 죄 지은 자를 사하여 준 것같이 우리 죄를 사하여 주시옵고	우리가 우리에게 죄 지은 모든 사람을 용서하오니 우리 죄도 사하여 주시옵고
우리를 시험에 들게 하지 마시옵고 다만 악에서 구하시옵소서	우리를 시험에 들게 하지 마시옵소서 하라
(나라와 권세와 영광이 아버지께 영원히 있사옵나이다 아멘)	

> 아, 그렇구나!
> 복음서 속의
> 주기도문

문맥상 마태복음의 주기도문은 산상수훈 속에 포함되어 있습니다. 산상수훈은 팔복에서 시작해 하나님 백성의 정체성에 이르는 예수님의 말씀을 담고 있습니다. 특히 주기도문이 포함된 6장은 은밀한 중에 보시는 하나님 아버지를 향한 신앙생활을 강조합니다. 따라서 주기도문은 사람들에게 보여 주기 위한 것이 아니라 하나님만을 향한 기도가 어떤 것인지 보여 주는 모범이라 하겠습니다.

한편, 누가복음의 문맥에서 주기도문은 예수님이 기도하시는 모습을 보고 제자들이 어떻게 기도할지 가르쳐 달라는 요구에 응하시는 말씀으로 나옵니다. 예수님은 주기도문에 이어 '한밤중에 찾아와 먹을 것을 청하는 친구'의 비유(5-8절)와 "구하라 그러면 너희에게 주실 것이요 찾으라 그러면 찾아낼 것이요 문을 두드리라 그러면 너희에게 열릴 것이니 구하는 이마다 받을 것이요 찾는 이는 찾아낼 것이요 두드리는 이에게는 열릴 것이니라"(9-10절)는 말씀을 주십니다. 주기도문이 아무리 훌륭한 기도의 모범 답안이라 해도 실제로 계속 기도하지 않으면 소용없다는 실천적 측면을 강조한다고 볼 수 있습니다.

두 본문의 여러 차이에도 불구하고, 예수님이 전달하고자 하는 메시지의 본질은 동일합니다. 강조점의 차이가 있지만, 두 본문 모두 예수님의 제자, 곧 주님을 따르는 모든 성도들에게 바른 기도의 모범을 제시하고 있습니다. 이 책『하나님이 내 기도를 들으실까?』는 예배 때 사용되는 주기도문의 본문인 마태복음의 내용과 순서를 따르고 있습니다.

하늘에 계신 우리 아버지

아버지

주님이 기도를 가르치면서 제일 먼저 하신 첫마디는 "하늘에 계신 우리 아버지"입니다. 하고 많은 말 중에 왜 이 표현일까요? 시작이 반이라고 하지 않습니까? 그만큼 처음이 중요한데 말이지요. 그러니까 하나님께 향하는 이 첫 부름은, 기도할 때 우리가 누구와 대화하는지, 우리의 기도를 들으시는 분은 어떤 분이신지 '딱' 못 박아 두는 역할을 합니다.

 그럼에도 저는 '아버지'라고 부르는 이 부분이 처음엔 어색했습니다. 어머니와 결혼하여 나를 이 땅에 태어나게 해주신 분, 조약돌이란 사람의 부친으로 호적에 올라 있는 분이 아버지인데 어떻게 눈에 보이지 않는 하나님을 아버지라고 부를 수 있는지 쉽게 와닿지 않았습니다. 그러다 어느 날 사진 한 장을 보게 되었습니다.

어렸을 적 제가 아버지의 어깨에 목말을 타고 찍은 사진입니다. 저는 아버지의 어깨에 올라 앉아 두 팔을 벌린 채 신나있습니다. 그 옆에 조금 큰 누나는 아버지에게 기대어 손을 붙잡고 함께 웃고 있습니다. 이 사진을 보면서 저는 자녀를 위해 아낌없이 내어주는 '아버지의 사랑'과 자녀의 손을 굳게 붙잡고 지키는 '아버지의 보호하심'이 하나님께 가득하다는 사실을 깨달았습니다.

'아버지'라는 부름으로 주기도문을 시작하는 이유는, 하나님이 자녀를 아낌없이 사랑하고 안전하게 보호하는 아버지시라는 사실을 우리로 알게 하기 위해서입니다. 자녀는 아버지에게 사랑스러운 존재입니다. 자녀는 아버지에게 생명과도 같은 소중한 존재입니다. 하나님은 우리에게 당신을 아버지라고 부르게 하심으로써 육신의 아버지와 자녀의 관계가 고스란히 투영되도록 하셨습니다. 육신의 아버지가 우리를 낳고 기르신 것처럼 하나님 아버지도 자녀인 우리를 사랑과 자비와 인자하심으로 낳고 세우신다는 사실을 알려 주신 것입니다 (신 32:6).

그런데 어떤 사람에게 '아버지'는 사랑과 보호하심보다는 무관심과 학대, 이기심과 폭력에 물든 이름일는지 모릅니다. 기도를 시작하면서 하나님을 아버지라 부르면 육신의 아버지가 떠올라 매우 고통스럽고 힘들 수도 있습니다.

분명히 기억할 것은, 육신의 아버지와 따뜻하고 좋았던 관계 대신 슬프고 아픈 관계만 떠오른다면 그것은 죄의 영향 때문이라는 것입니다. 죄는 우리의 모든 관계를 파괴합니다. 사랑의 관계도, 지키고 보호하는 신뢰의 관계도 끊어 버립니다. 그러므로 혹시라도 아버지를 떠올리며 부정적인 감정이 동반된다면 그것은 주님이 알려 주시는 하나님 아버지와는 전혀 다르다는 사실을 기억하십시오.

육신의 아버지를 통해 우리는 하나님을 아버지로 알 수 있지만, 그것은 주님이 의도하신 것의 일부분에 지나지 않습니다. 하나님이 아버지로서 자녀인 우리에게 품으신 사랑은 육신의 아버지가 품은 사랑을 통해 알 수 있지만, 그 깊이와 풍성함은 비교할 수 없습니다. 하나님은 자녀로 삼으신 우리 모두를 친히 돌보시고 각각의 형편을 살펴서 필요한 것을 적절히 공급하시는, 사랑과 은혜가 풍성하신 아버지입니다.

그러므로 지금껏 육신의 아버지와 친밀한 관계를 경험해 보지 못한 분이 있다면, 하나님 아버지께서 새롭게 부르시는 아버지와 자녀의 친밀한 관계 속으로 들어가 그 복된 진리를 경험하시기 바랍니다.

우리 아버지

'아버지'란 단어 속에는 사랑이 가득 담겨 있습니다. 우리가 기도를 시작하며 하나님을 아버지로 부른다는 것은, 사랑 그 자체이신 하나님을 향해 나아간다는 의미입니다. 이 사랑의 부름에 더하여 주님은 한 가지 의미를 덧붙이셨습니다. 바로 '우리' 아버지입니다. 그냥 아버지라 부르지 않고 '우리' 아버지라고 부르게 하셨습니다.

여기에는 어떤 의미가 있을까요? 앞서 하나님이 우리를 친밀한 관계 속으로 부르시면서 우리로 하여금 하나님 당신을 아버지라고 부르게 하셨다고 말씀드렸습니다. 예수님은 유일한 아들(독생자)이므로 하나님을 '나의' 아버지라고 부르시는 게 맞습니다. 그런데 우리에게 기도를 가르치면서는 그냥 '아버지'나 '나의' 아버지가 아니라 '우리' 아버지라고 부르게 하십니다.

예수님은 하나님 아버지와 나누는 사랑과 교제의 즐거움

을 누구보다 잘 아십니다. 예수님은 유일한 아들로서 영원 전부터 성부 하나님과 하나이시기 때문입니다. 예수님은 이런 진리를 다음과 같이 표현하셨습니다. "아버지여, 아버지께서 내 안에, 내가 아버지 안에 있는 것같이"(요 17:21). 바로 이와 같은 관계에서 나오는 사랑과 친밀함을 '우리'와 나누기 바라셨기 때문입니다(요 17:21-26). 예수님이 그러셨듯, 우리도 하나님 아버지와 친밀한 사랑 가운데 사귐이 있도록 하셨습니다. 그러므로 하나님을 '아버지'라고 부르는 이 사랑의 부름은 '우리' 아버지라고 부를 때 최고조에 이릅니다.

사랑의 부름인 '우리 아버지'와 비슷한 표현이 있습니다. 친밀함이 보다 극대화된 부름인 "아바 아버지"(롬 8:15, 갈 4:6-7)입니다. 우리는 보혜사 성령님을 통해 하나님을 "아바 아버지"라고 부를 수 있습니다. 아람어 아바(Abba)는 우리말로 '아빠'와 뜻이 거의 같습니다. 그러니 자연스럽게 이 단어는 친근하고 포근한 느낌을 더해 줍니다. 그에 비해 '아버지'는 점잖은 단어처럼 느껴집니다.

아버지와 자녀 사이의 사귐은 친밀할수록 좋습니다. 하지만 우리가 하나님을 '아빠'라고 부를 수 있다 해서, 다시 말해 하나님과 아주 친근한 사이라 해서, 그것이 예의를 지키지 않아도 된다는 뜻은 아닙니다. 우리는 보통 친근함이 지나쳐 상대방을 함부로 대하는 경향이 있습니다. 친한 친구 사이일지라도 기본 예의를 지켜야 그 우정이 오래간다고 했습니다. 하물며 아버지와 자녀의 관계에는 지켜야 할 분명한 선이 있습니다. 사랑의 교제와 친밀한 사귐을 오해하여 무례히 행하거나 허투루 행동해서는 안 됩니다. 아버지 하나님의 이름을 함부로 불러서는 안 됩니다.

그럼에도 아빠와 아버지는 같습니다. 그 대상이 달라지지 않습니다. 하늘 아빠는 항상 동일하신 분입니다. 자녀들과 나누는 교제에서 그분은 언제나 변함이 없습니다.

하나님이 아버지가 되시면 우리에게는 아버지가 낳은 수많은 형제들이 생깁니다(말 2:10). 우리가 하나님을 아버지로 둔 대가족의 구성원이 되는 것입니다. 이 대가족을 '교회'라고 부릅니다. 교회라는 대가족의 일원으로서 하나님이 우리 모두의 아버지가 되시므로, 주님이 우리에게 하나님을 '우리' 아버지라고 부르게 하신 것입니다.

그러므로 우리에게는 형제애가 필요합니다. 하나님이 아버지로서 우리에게 크나큰 사랑과 은혜를 베푸시듯, 우리는 다른 형제들도 이와 동일한 사랑과 은혜를 받고 누리는 귀한 존재임을 알아야 합니다.

그러므로 우리는 형제를 위해 사랑의 기도를 해야 합니다.

눈에 보이는 형제를 위해 기도할 뿐 아니라 (베드로가 기도한 것처럼) 온 세상에 흩어져 있는 모든 성도, 즉 교회를 위한 기도도 잊지 말아야 합니다(벧전 1:1). 우리 모든 형제가 각처에서 분노와 다툼 없이 거룩한 손을 들어 서로를 위해 기도하기에 힘써야 합니다(딤전 2:8).

하늘에 계신 우리 아버지

그런데 하나님 우리 아빠 아버지는 육신의 아버지와 달리 우리 곁에 계시지 않고 하늘에 계신다고 말합니다. 괜히 서운한 생각이 듭니다. 사람의 경우 자주 보고 자주 만나야 더 친밀해지고 정들고 좋을 텐데, 주님은 왜 아버지가 하늘에 계신다고 했을까요?

하나님이 하늘에 계신다는 것은 그분이 '창조주로서 모든 능력과 권세를 지니셨다'는 뜻입니다. 하나님은 절대자로서 원하는 바를 모두 행하시는 분입니다. 그분이 못하시는 일은 없습니다. 그분은 홀로 영광을 받으실 유일한 전능자이십니다. 우리가 아버지라고 부르는 하나님이 바로 그런 분이시므로, 하나님을 하늘에 계신 분이라고 말한다는 것은 그에 합당한 경외심을 품고 그분께 나아가야 한다는 뜻입니다(시 115:3).

하늘에 계신 아버지는 전능하신 능력과 권세로 우주를 창조하셨을 뿐 아니라 '세밀하게 다스리고' 계십니다. 그렇다면 그분의 자녀인 우리를 향한 관심은 어떠하겠습니까? 하늘에 계신 아버지 하나님은 그 능력으로 우리를 안전하게 지키십니다. 세심하게 돌보십니다. 험한 세상에서 헤매는 고아와 같이 우리를 내버려 두지 않고 지키겠다고 약속하셨습니다(요 14:18).

고아와 과부는 아버지(남편)가 없다는 것이 공통점입니다. 구약 시대에도 하나님은 이스라엘 백성 중에 고아와 과부들이 외면당하거나 억울한 일을 겪지 않도록 하셨습니다. 가을이 되어 추수할 때에나 과일을 수확할 때에 이들을 위해 일정 부분을 남겨 놓게 하셨습니다(신 24:17-21). 하나님은 이들의 아버지(남편)가 되어 사랑을 베풀고 돌보셨습니다(시 146:9). 이렇게 세심하게 돌보시는 하나님이 우리 아버지가 되시므로 우리는 안전할 수밖에 없습니다. "여호와의 이름은 견고한 망대라 의인은 그리로 달려가서 안전함을 얻느니라"(잠 18:10).

하늘에 계신 하나님이 우리의 아버지가 되시므로 우리는 '모든 좋은 것을 그분에게서' 얻을 수 있습니다. 우리는 땅에 시선을 고정하고 땅의 것에 만족하며 땅의 것을 더 얻기 위해 아등바등하며 살아갑니다. 그러나 모든 좋은 것이 하늘에서 주어진다는 사실을 잊지 마시기 바랍니다. 비와 이슬과 햇빛과 바람과 어둠이 적절하게 있지 않으면 우리는 한시도 살아갈 수 없습니다(욜 2:23, 행 14:17). 우리 하나님이 하늘에 계시다는 것은 이 모든 것이 그분에게 달렸다는 말입니다. 그러므로 우리는 하늘 아버지에게 일용할 양식뿐 아니라 썩지 않고 더러워지지 않으며 변치 않는 것을 구해야 합니다. 하나님이 우리에게 있어야 할 가장 좋은 것을 하늘에 간직하셨기 때문입니다(딤전 4:4).

지금까지 기도할 때 누구에게 하는지, 그 대상이 누구인지에 대해 살펴보았습니다. 답은 분명합니다. 우리는 하늘에 계신 우리 아버지께 기도를 합니다. 하나님을 아버지라고 부름으로, 삼위 하나님이 나누시는 친밀한 사랑의 교제에 동참하게 됩니다. 그러니 기도를 시작할 때 하나님을 "하늘에 계신 우리 아버지"라고 부르십시오. 그러면 하나님이 귀를 기울이십니다. 하나님 아버지의 깊고 넓은 사랑에 의지하여 기도하시기 바랍니다.

아버지의 이름이
거룩히 여김을 받기 바랍니다

이름을 거룩하게 한다는 것

주님이 가르쳐 주신 기도에서 첫 번째 간구를 살펴보겠습니다. 먼저 주의할 것이 있습니다. 앞서 주기도문의 뼈대를 살피면서, 첫 번째에서 세 번째 간구는 '하나님 아버지께 영광을 돌리기 위해' 우리가 간구해야 하는 내용이라고 말씀드렸습니다. 그러므로 무엇을 간구하든 항상 하나님 아버지께 영광을 돌리는 것과 연관하여 생각해야 합니다.

주님은 하나님을 아버지라고 부르게 하신 다음에 첫 번째로 아버지의 이름이 거룩하게 되기를 구하라고 말씀하셨습니다. 뭐, 당연히 아버지의 이름은 거룩합니다. 하나님이 인간과

달리 거룩하시다는 것은 알 만한 사람은 다 아는 사실입니다. 그런데 왜 이미 거룩하신 하나님의 이름이 거룩하게 되기를 기도하라고 하셨을까요? 왜 많은 기도 내용 중에서 가장 먼저 그 이름이 거룩하게 되기를 구하라고 하셨을까요? 그것과 하나님 아버지께 영광을 돌리는 것은 어떻게 연결될까요?

이 질문에 제대로 답하려면 하나님 아버지의 이름이 지닌 정확한 뜻을 알아야 합니다. 동시에 아버지의 이름을 거룩하게 한다는 것이 무엇을 뜻하는지도 살펴보아야 합니다.

이름은 존재를 말한다

돌 무렵 아이들이 말을 배우는 과정을 보면 꽤 신기합니다. "어버버, 으어어, 아아아" 소리를 한참 내다가 드디어 "마-빠-" 하기 시작합니다. 그러면 부모들은 우리 아이가 '엄마', '아빠' 소리를 했다고 난리입니다. 아이가 점점 자라면서 말할 수 있는 단어는 폭발적으로 늘어납니다. 발음도 꽤 그럴싸해집니다. 사실 이 모든 일에는 부모의 숨은 노력이 있습니다. 하루에도 수백 번씩 사랑하는 자녀를 위해 물건과 그것을 가리키는 이름을 연결하여 알려 준 것입니다.

이때 아이는 가장 중요한 하나를 배웁니다. 바로 자기를 가리키는 이름입니다. 부모나 형제가 자기를 보면서 특정한 단어로 수없이 자기를 부르면, 그것이 자기를 가리킨다는 사실을 알게 됩니다. 더 자라면 엄마와 아빠, 언니, 형이 아닌 사람들도 저마다 이름이 있음을 알게 됩니다. 그래서 내가 아닌 다른 사람을 부르거나 인식할 때 이름이 필요하다는 것을 알게 됩니다.

우리 하나님 아버지도 이름이 있습니다. 대표적으로 여호와 이레(하나님이 준비하신다, 창 22:14), 여호와 닛시(하나님은 나의 깃발이시다, 출 17:15), 여호와 샬롬(하나님은 평강이시다, 삿 6:24), 여호와 삼마(하나님이 거기에 계시다, 겔 48:35) 등이 있습니다. 우리는 이 이름을 통해 하나님을 알게 됩니다. 이런 이름들은 하나님이 어떤 분이시며 무슨 일을 행하시는지 설명하고 있기 때문입니다.

여기에서 가장 많이 등장하는 단어가 '여호와'입니다. 모세가 하나님을 대면했을 때, 이스라엘 백성이 "우리 조상의 하나님이신 그분의 이름이 무엇이냐" 질문하면 대답하라고 하나님이 직접 알려 주신 이름입니다. 하나님이 "나는 스스로 있는 자"이며 이것은 "나의 영원한 이름"이요 "대대로 기억할 나의 칭호"라고 말씀하신 이름입니다(출 3:14-15, 6:3).

이렇게 이름 안에는 그 '이름이 드러내는 존재의 모든 것'이 담겨 있습니다. 이름과 존재는 곧 하나라고 말할 수 있습니다. 하나님이 거룩하시기에 그분을 드러내는 이름도 거룩할 수밖에 없습니다. 아버지의 거룩한 이름은 곧 아버지의 거룩하심을 나타냅니다. 그래서 하나님은 "여호와의 이름을 망령되게 부르지 말라"고 말씀하셨습니다. "망령되게 부르는 자를 죄 없다 하지 아니하리라"고 경고하셨습니다(출 20:6, 제3계명).

하나님의 이름은 지극히 존귀하며 영원히 있을 이름입니다(시 54:5). 아버지의 이름을 업신여기거나 가증히 여긴다면 이 행위는 아버지를 업신여기는 것이요 아버지께 망령된 행위를 하는 것입니다. 그런 의미에서 하나님은 당신의 이름을 거룩하게 여기지 않는 자를 가만두지 않으신다고 했습니다. 그것은 하나님의 거룩하심을 더럽히는 일이 되니까요.

거룩한 이름을 거룩하게 만드시옵소서

아쉽게도 저는 어렸을 때 제대로 배우지 못한 단어가 하나 있습니다. 무슨 뚱딴지같은 소리인가 하겠지만, 그 단어의 개념이 머리에 잘 들어오지 않았습니다. 바로 '조약돌'입니다. 조약돌은 제 이름입니다. 아니 제 자신입니다. 저는 조약돌을 오랫동안 제 이름으로 알고 있었는데, 많은 사람들이 이 단어를 제가 느끼는 것과 다르게 느낍니다. 조약돌 하면 대개 예쁘다, 작다, 둥글다 등의 이미지가 떠오른다고 합니다. 하지만 저는 그 느낌을 잘 모르겠습니다. 문제는 저를 처음 대하는 분들이 제 모습을 그런 이미지로 상상한다는 것입니다. 실제 저와 상당한 차이가 있는데 말이지요.

하지만 하나님의 이름은 그분의 존재와 조금도 어긋나지 않습니다. 하나님은 거룩하신 분이므로 그분의 이름 또한 거룩합니다. 하나님은 홀로 영광을 받아 마땅한 분이므로 그분의 이름 또한 영광을 받아야 마땅합니다. 우리가 기도로 하나님의 이름이 거룩하게 되기를 간구할 때, 그것은 곧 '하나님이 거룩하신 분임이 고스란히 드러나도록' 간구하는 것입니다.

그런데 이런 간구를 하면서 주의할 것이 있습니다. 나의 열심과 노력으로 하나님 아버지의 이름을 거룩하게 해야겠다고 생각하는 것입니다. 내가 조금 더 거룩하게 행하고 경건하게 살아서 하나님의 이름이 더 거룩해지도록 해야겠다고 생각하는 것이지요.

그러나 우리의 어떠한 노력으로도 하나님의 거룩하심을 더하거나 덜하게 할 수 없습니다. 하나님의 거룩함이 조금 모자라는데 우리가 아버지의 이름이 거룩하게 되기를 열심히 간구하고 노력해서 마침내 하나님의 이름이 완전히 거룩해지는 것이 아닙니다. 하나님은 우리가 기도하지 않아도, 이미 영원 전부터 거룩함이 충만하신 분이며 영광이 완전하신 분입니다. 거룩함을 위해 우리의 기도가 필요한 분이 결코 아닙니다. 괜히 우리가 잘못된 동기를 가지고 하나님의 거룩하심을 더한다고 열심을 낼수록 엉뚱한 결과를 가져올 뿐입니다. 아버지의 이름이 거룩하게 여김을 받는 것은 결코 그런 방식이 아닙니다.

하나님의 이름이 거룩하게 되기를 위해 기도한다는 것은, 나의 행동이나 결심과 상관없이 '하나님 아버지께서 당신의 거룩한 이름을 몸소 드러내시기를 간구하는 것'입니다. 얼른 이해되지 않는다면 에스겔 36장 23절을 보십시오.

> 너희가 그들 가운데에서 더럽힌 나의 큰 이름을 내가 거룩하게 할지라.

하나님이 친히 자신의 이름을 거룩하게 하십니다. 왜 거룩하게 하십니까? 하나님의 이름이 더럽혀졌기 때문입니다. 이스라엘 백성들이 우상들을 섬겨서 하나님 아버지의 이름을 더럽혔고, 그 때문에 이방 족속의 포로로 잡혀갔습니다(18절). 그러면 더럽혀진 하나님의 큰 이름을 거룩하게 하는 방법은 무엇일까요? 우리의 삶과 행실일까요? 아닙니다. 그 일은 하나님이 친히 행하십니다. 또한 당신의 이름을 더럽혔던 그들을 다시 모아서 맑은 물로 정결하게 하여 그 안에 새 영을 두고 새 마음을 주며 굳은 마음을 제거하고 부드러운 마음을 주어 하나님을 잘 섬기게 만드실 것입니다(24-26절).

이제 분명해지십니까? 하나님의 이름이 거룩하게 되기를 위하여 우리가 보탤 것은 없습니다. 하나님이 친히 사람들에게 새 영을 주심으로 구원하여 당신의 이름을 거룩하게 하실 뿐입니다. 우리의 삶과 행실로 하나님의 이름을 거룩하게 하는 것이 아닙니다. 그러니 "아버지의 이름이 거룩히 여김을 받으시옵소서"란 다시 말해 "아버지께서 아버지 당신의 거룩한 이름을 거룩하게 만드시옵소서"라는 뜻입니다.

거룩함이 영광이다

'거룩하다'는 것은 '구별되었다'는 뜻입니다. 하나님이 '거룩하시다'는 것은 '피조물과 구별되신다'는 뜻으로 이해하면 쉽습니다. 나아가 피조물과 구별된 하나님의 '거룩함'은 하나님의 '영광'과 그 뜻이 비슷합니다.

나답과 아비후가 하나님이 명하시지 않은 불로 분향하다가 징계를 받았을 때, 하나님은 "나는 나를 가까이하는 자 중에서 내 거룩함을 나타내겠고 온 백성 앞에 내 영광을 나타내리라"(레 10:3)고 말씀하셨습니다. 이때 '거룩함'과 '영광'은 동의어로 쓰였습니다. 이사야 6장 3절에서, 하나님이 거룩하시다는 찬송을 받으시고 피조물과 구별됨이 드러난 순간에 선포된 "만군의 여호와여 그의 영광이 온 땅에 충만하도다"라는 말씀에서도 '거룩함'과 '영광'은 동의어로 쓰입니다.

그러므로 주기도문의 첫 번째 간구인 "아버지의 이름이 거룩히 여김을 받으시옵소서"라는 말을 "아버지의 이름이 영광을 받으시옵소서"라고 이해하는 것이 맞습니다. 그러한 예를 히스기야를 통해 살펴볼 수 있습니다.

25세에 왕위에 오른 히스기야는 하나님이 보시기에 선한 일을 많이 하고 정직한 유다의 왕이었습니다(왕하 18:3). 그는 하나님이 가증히 여기시는 주상과 아세라 목상의 우상들을 제거했을 뿐 아니라 그때까지 암암리에 숭배되던 느후스단이라는 모세의 놋뱀도 제거했습니다.

그가 왕이 되고 14년 후 주전 701년경에 앗수르 왕 산헤립이 랍사게 등의 장군들과 함께 대군을 이끌고 유다를 공격합니다(왕하 18:17). 히스기야가 앗수르를 배반했다는 이유에서였습니다. 빠른 속도로 견고한 성들을 점령하고 예루살렘을 포위한 랍사게 장군은 유다 주민들에게 이렇게 도발했습니다.

> 너희가 우리를 배반하고 상한 갈대 지팡이 같은 애굽을 의지하는구나. 그런데 그들이 너희를 살려줄 것 같으냐? 나와 내기를 해보자. 히스기야가 너희를 구해 줄 것 같으냐? 히스기야가 하나님을 의지하라 하는데 너희 하나님이 살려 줄 것 같으냐? 믿지 말라. 내게 항복하라. 그러면 먹을 물과 맛있는 음식을 주겠다. 너희 신이 위대하다면 왜 지금 가만히 있느냐? 이 위험에서 너희를 구해 달라고 말해 보라. 기도해 보라(왕하 18:17-35, 19:12-13 참조).

히스기야는 이 참담한 말을 듣고 그날을 환난과 징벌과 모욕의 날이라 불렀습니다(왕하 19:3). 그들이 비방한 것은 다름 아닌 살아 계신 하나님의 이름이었기 때문입니다. 그들은 거룩하신 하나님의 이름을 무참히 짓밟았습니다. 그래서 히스기야 왕은 다음과 같이 기도합니다. 열왕기하 19장 15-19절입니다.

그룹들 위에 계신 이스라엘의 하나님 여호와여

주는 천하만국에 홀로 하나님이시라.

주께서 천지를 만드셨나이다.

여호와여 귀를 기울여 들으소서.

여호와여 눈을 떠서 보시옵소서.

산헤립이 살아 계신 하나님을 비방하러 보낸 말을 들으시옵소서.

… 우리 하나님 여호와여 원하건대

이제 우리를 그의 손에서 구원하옵소서.

그리하시면 천하만국이 주 여호와가

홀로 하나님이신 줄 알리이다.

　히스기야 왕은 단순히 하나님께 살려 달라고 기도하지 않았습니다. 하나님의 영광을 위해 하나님이 홀로 하나님이신 줄을 대적들이 알게 해달라고 기도했습니다. 그는 하나님을 알지 못하는 이방인들이 하나님의 이름을 모욕하고 비방하며 멸시하는 일을 참을 수 없었습니다. 여호와 하나님만이 유일하고 참되며 살아 계신 하나님이시므로, 이방인들이 그런 하나님을 바로 깨닫고 하나님의 이름이 천하만국에 드러나도록 기도한 것입니다. 하나님의 이름이 천하만국에 있는 그대로 드러날 때 하나님의 영광이 가득하게 선포되는 것입니다.

바로 이것이 주님이 주기도문의 첫 번째 간구를 통해 우리에게 말씀하시는 내용입니다.

이렇게 상상해 보십시오. 내가 히스기야 왕이었다면 이 상황에서 어떤 일을 했을까? 지금 내 삶에 랍사게 같은 사람들이 있다면 그 공격을 어떻게 감당할 수 있을까?

주님이 주기도문의 첫 번째 간구를 통해 우리가 매일 이 부분을 위해 기도하도록 가르치셨음을 기억합시다. "아버지, 아버지의 이름이 거룩히 여김을 받으십시오. 아버지의 이름이 영광을 받으십시오. 우리는 아버지의 거룩하심과 영광에 무엇을 더할 수 없습니다. 아버지께서 친히 그 일을 이루십시오. 또한 아버지의 성령께서 능력으로 우리 안에 임하심으로, 우리가 각자의 삶에서 아버지의 이름에 합당한 영광을 돌리며 살게 해주십시오"(시 96:7-8 참조).

아버지의 나라가 임하기를 바랍니다

하나님나라란

초등학교 3학때 일입니다. 앞집에 사는 누나의 사촌이 놀러 왔는데, 그때 가져온 물건이 온 동네를 뒤흔들어 놓았습니다. '부루마블'이라는 최고의 게임 도구였습니다. 당시 동네 아이들은 모여서 다방구나 사방치기, 비석 맞추기, 땅따먹기, 딱지치기, 구슬치기, 고무줄 놀이를 하는 게 전부였습니다. 그런데 이 신통방통한 부루마블이 동네의 놀이판을 싹 바꿔 놓았습니다. 너도나도 하겠다고 줄 서서 기다리던 기억이 납니다.

   부루마블을 통해 저는 온 세계를 다닐 수 있었습니다. 콩이라고는 강낭콩, 완두콩만 있는 줄 알았는데 홍콩도 있다는 사실을 알게 되었습니다. 콩코드 비행기를 타고 발음하기도 어려운 아르헨티나의 부에노스아이레스로, 덴마크의 코펜하겐으로 여행하는 게 여간 즐겁지 않았습니다. 시드니, 마드리드, 카이로도 주사위만 던지면 쉽게 드나들었습니다. 게임 속에선 주사위를 던져 어떤 나라의 수도에 도착하면 그 땅과 건물을 살 수 있었습니다. 돈을 지불하면 증서를 받는데, 증서 뒷면에는 그 나라와 수도에 대한 간략한 설명이 적혀 있었습니다. 그래서 각 나라에는 수도가 있고, 수도에는 그 나라를 다스리는 왕이나 대통령, 수상, 총리가 있다는 사실을 배웠습니다.

'나라' 하면 우리는 부루마블을 해보지 않았더라도 학교에서 배웠던 기억을 떠올리며 영토, 국민, 주권을 생각하게 됩니다. 주님이 가르치신 기도의 두 번째 간구인 "나라가 임하시오며"를 읊조리면서도 자연스레 같은 생각을 하게 됩니다.

그런데 주기도문에 나오는 '나라'를 세상에서 영토를 소유한 나라로만 생각해서는 안 됩니다. 하나님나라는 우리가 살고 있는 '이 세상의 나라'와, 주님이 특별하게 부르신 자들을 다스리는 '은혜와 영광의 나라' 둘 다를 말하기 때문입니다.

어떤 사람은 깜짝 놀라 이렇게 물을지도 모르겠습니다. "이 세상이 하나님나라라고요? 이렇게 죄악에 물들고 공중의 권세 잡은 사탄의 지배를 받는 세상이 하나님나라라니요?"(엡

2:2, 계 12:10-11) 네, 그럼에도 이 세상은 하나님 아버지가 만드신 피조 세계의 일부입니다. 그러므로 온 세상은 아버지의 이름을 찬양하고 영화롭게 해야 합니다. 하나님이 나라를 당신의 능력으로 영원히 다스리고, 당신의 눈으로 살핀다고 하셨기 때문입니다(시 66:1-9).

이 세상의 왕이신 하나님

이 세상은 원래 하나님의 다스림을 받는 하나님의 나라입니다. 그런데 우리가 아담 안에서 그와 함께 불순종의 죄를 짓자 하나님은 우리를 어둠과 죄의 권세 아래 있도록 벌하셨습니다. 이 어둠 나라의 지배자는 사탄입니다. 권세를 쥔 사탄은 악한 영들과 인간의 욕심과 부패한 의지와 약한 마음을 이용하여 다스립니다. 사탄이 지배하는 나라의 최대 적은 하나님나라의 백성들입니다. 이 백성들을 공격하는 무기는 다양합니다. 대표적으로 음행, 우상 숭배, 간음, 탐색, 남색, 도적질, 탐욕, 모욕, 속여서 빼앗는 것, 투기, 방탕함, 술 취함, 어리석은 말, 희롱하는 말 등이 있습니다(고전 6:9, 갈 5:21, 엡 5:3-5).

이 세상 권세를 잡은 사탄과의 싸움은 쉽지 않습니다. 우리가 입술로는 하나님이 다스리시는 나라를 사랑한다고 하지만 마음으로는 사탄이 지배하는 어둠의 나라를 좋아하기 때문입니다(렘 12:2, 마 15:8). 가만히 두면 우리는 자연스럽게 불경건을 행하며 하나님을 배반하고 대적하는 자가 됩니다(요 8:44, 딤후 2:26). 참 슬픈 일입니다.

그래서 주님이 아버지의 나라가 임하기를 기도하라고 가르치신 것입니다. 우리 스스로는 하나님나라가 임하게 하기 위해 제대로 행할 수도, 서 있을 수도 없습니다. 오직 만왕의 왕이신 하나님이 그분 나라의 왕으로서 다스려 주시길 바라고 간구할 수 있을 뿐입니다.

우리 주님이 이 땅에 오신 목적도 그와 다르지 않습니다. 사탄이 지배하는 어둠의 나라의 권세를 빼앗고 그 나라에서 포로로 잡혀 있던 우리를 구하여 자유케 하시기 위해서입니다. 바로 그 일을 위해 주님은 십자가를 지셨습니다.

그러므로 사탄의 권세와 능력이 아무리 크고 위협적이며 견고해 보인다 할지라도, 이미 권력 싸움은 끝났습니다. 왕이신 우리 주님이 사탄의 권세를 허물고 박살내시며 포로된 자에게 자유를 주셨기 때문입니다(사 61:1-2, 눅 4:18-19).

그러므로 우리는 "아버지의 나라가 임하시옵소서"라고 간구함으로, 하나님 아버지께서 온 세상의 주권자로서 왕 되심을 몸소 드러내시고, 왕의 자녀인 우리가 사탄의 일에서 벗어나 평안과 안전과 유익의 은혜를 얻게 해달라고 기도해야 합니다.

아버지의 나라는 은혜와 영광의 나라이다

아버지의 나라가 임하기를 구하는 것은, 아버지께서 우리 삶을 '은혜와 평강으로 다스리시기를 간구'하는 것입니다. 또한 아버지께서 만왕의 왕이자 심판주로서 '장차 영광과 능력이 충만한 가운데 이 땅에 임하시기를 간구'하는 것입니다. 우리가 살아가는 이곳에 은혜의 왕국이 임하기를, 주님이 다시 오셔서 다스리실 영광의 왕국이 임하기를 간구하는 것입니다.

이 땅에 은혜와 영광의 나라가 임하기를 기도해야 하는 이유는 무엇입니까? 다니엘을 통해 그 이유를 분명히 알 수 있습니다. 1장을 읽어 봅시다.

> 유다 왕 여호야김이 다스린 지 삼 년이 되는 해에 바벨론 왕 느부갓네살이 예루살렘에 이르러 성을 에워쌌더니 주께서 유다 왕 여호야김과 하나님의 전 그릇 얼마를 그의 손에 넘기시매 그

가 그것을 가지고 시날 땅 자기 신들의 신전에 가져다가 그 신들의 보물 창고에 두었더라 왕이 환관장 아스부나스에게 말하여 이스라엘 자손 중에서 왕족과 귀족 몇 사람…을 데려오게 하였고(단 1:1-4).

이 본문을 주의해서 읽지 않으면 고작 이런 내용이 읽힐 것입니다. "특정한 때에 바벨론 왕 느부갓네살이 바벨론 군대를 이끌고 예루살렘에 쳐들어와 함락시켰으며, 이스라엘 성전의 보고에 들어 있는 성전 기구들 중 일부를 빼앗아 시날에 있는 그들의 신전에 놓았다."

하나님이 단순히 역사적 사실만 알려 주기 위해 다니엘서를 이렇게 시작하셨을까요? 본문에 서술된 일은 그 시대의 이방 정복자들이 흔히 취하던 행태였습니다. 정복자들은 자기 나라의 신들과 백성이 강하다는 것을 과시하고 싶어서 침략한 나라를 아예 초토화시켰습니다.

여기에서 '시날'(Shinar)이라는 단어를 눈여겨보시기 바랍니다. 사실 다니엘 시대에 시날이라는 지명은 없었지만, 하나님을 대적하여 일어나는 이 세상의 권력을 극대화하기 위해 옛 지명 시날을 사용하고 있습니다. 시날은 인간이 바벨탑을 쌓아 자기 이름을 내고자 했던 곳입니다(창 11:4). 그러니까 지금 시날이라는 지명을 사용하여 바벨론이 어둠 왕국의 중심 부임을 알려 주고 있는 것입니다. 요한계시록 17장에서는 큰 바벨론이라 일컫는 무리와 나라들이 있으며 그 나라는 "땅의 왕들을 다스리는 큰 성"(18절)이라고 말하고 있습니다. 그곳은 "귀신의 처소와 각종 더러운 영이 모이는 곳"(18:2)으로 묘사되고 있습니다.

한편 파괴된 예루살렘은 하나님의 도성, 즉 하나님나라의 수도를 말합니다. 요한계시록 21장 2절은 '거룩한 성 새 예루살렘이 하늘에서 내려와' 우리에게 주어질 것이라고 말합니다. 예루살렘은 은혜의 나라인 교회를 말합니다. 장차 주님이 재림하여 다스리실 영광의 나라를 말하기도 합니다.

예루살렘과 바벨론(헬라어) 혹은 바벨(히브리어), 이 두 도성이 대립하는 형태로 나타나는 것은 두 도성 사이에 계속해서 전쟁이 벌어지고 있다는 사실을 보여 줍니다. 예루살렘 대 바벨론은 전 세대를 아울러 세상 지배권을 놓고 펼쳐지는 거대한 대립 관계를 보여 줍니다. 이것은 하나님나라와 사탄나라 사이에, 은혜의 나라인 교회와 세상 사이에, 재림하실 영광의 왕 그리스도와 적그리스도 사이에 벌어지는 거대한 전쟁입니다. 사도 요한이 요한계시록에서 왕이신 그리스도의 최후 전쟁과 궁극적인 승리를 말하고 있다면, 다니엘은 예전에도 있었고 앞으로도 계속 있을 많은 전쟁들 중 한 장면에 대해 말하고 있습니다. 결국 우리에게도 이런 전쟁은 수없이 계속해서 일어날 것임을 말해 줍니다.

그러므로 우리는 이 거대한 전쟁 한가운데서 은혜와 영광의 왕국인 아버지의 나라가 임하기를 기도해야 합니다. 또한 은혜의 왕국인 교회를 위해서도 기도해야 합니다. 우리 아버지께서 교회를 다스리고 보호하시길 기도해야 합니다.

특별히 교회의 말씀 사역자를 위해 기도합시다. 사탄은 그들을 제일 먼저 넘어뜨리려고 합니다(슥 3:1). 하나님 말씀의 파수꾼인 그들은 모든 일에 선을 행하고, 죄와 사탄의 권세를 무너뜨리고, 하나님나라 세우기를 열망하며, 주님이 맡기신 백성들의 영혼을 구원하는 데 온전히 서기를 늘 바라기 때문입니다.

동시에 우리 자신을 위해 기도합시다. 온전한 마음으로 하나님의 말씀을 듣도록, 자기를 부인하고 말씀에 복종하며 경건한 삶을 살도록, 거룩한 행실을 갖도록 기도해야 합니다(딤전 1:9).

우리 주님은 곧 오십니다. 영광의 나라가 곧 임합니다. 주님이 친히 왕으로 나타나 영원히 왕 노릇 하실 것입니다. 우리 아버지의 나라만이 영원합니다. 우리 주님이 다시 오시는 날,

주님의 통치가 땅 위에 굳게 설 것입니다. 천사장의 나팔 소리가 울려 퍼지는 그날, 세상 모든 사람들은 누가 왕인지 밝히 보게 될 것입니다. 그날에는 불법이 물러가고 의가 꽃필 것입니다.

그날은 사탄과 악한 영들에게는 진노의 날이지만(계 6:16) 우리에게는 더 이상 눈물과 질병과 고통이 없는, 죽음이 사랑하는 사람을 갈라놓지 못하는 위로의 날이 될 것입니다(살후 1:7). 저는 자는 사슴처럼 뛰놀며 사막에 시내가 흐르는 날이 될 것입니다(사 35:5-10). 그 나라에서는 공의와 평강과 희락으로 모든 백성들이 즐거워하고 찬양할 것입니다(롬 14:17). 그렇기에 지금 우리는 주님이 말씀하신 대로 아버지의 나라가 임하시기를 간구해야 합니다.

아버지의 뜻이 하늘에서와 같이
이 땅에서 이루어지기를 바랍니다

하나님의 뜻을 어떻게 알 수 있는가

기도를 배우면서 궁금한 것이 있었습니다. 바로 하나님의 뜻입니다. 하나님의 뜻에 맞는 기도를 해야 한다는 말은 많이 들었지만, 대체 그 뜻이 무엇인지 분별하기 어려웠습니다. 아무리 기도한들 하나님의 뜻을 돌이킬 길이 없고, 결국 하나님의 뜻대로 가는데 무엇하러 기도하는지도 의문이 들었습니다. 그런데 주기도문의 세 번째 간구를 보면, 단순히 하나님의 뜻을 구하는 데서 끝나지 않고 그 뜻이 하늘에서와 같이 이 땅에서도 이루어지기를 바라고 있습니다. 아버지의 뜻을 분별하기도 어려운데 말이지요.

도대체 하나님 아버지의 뜻을 어떻게 알 수 있을까요? 신명기 29장 29절은 이렇게 말합니다. "감추어진 일은 우리 하나님 여호와께 속하였거니와 나타난 일은 영원히 우리와 우리 자손에게 속하였나니 이는 우리에게 이 율법의 모든 말씀을 행하게 하심이니라." 좀 어렵지요? 이 말씀을 새번역 성경은 이렇게 풀어쓰고 있습니다. "이 세상에는 주 우리의 하나님이 숨기시기 때문에 알 수 없는 일도 많습니다. 그것은 주님의 것입니다. 그러나 하나님은 그의 뜻이 담긴 율법을 밝히 나타내 주셨으니, 이것은 우리의 것입니다. 우리와 우리의 자손은 길이길이 이 율법의 모든 말씀에 순종해야 합니다."

정리하면 이렇습니다. 세상에는 하나님이 숨기시기 때문에 우리가 알 수 없는 '감추어진 일'이 있고, 하나님이 밝히 나타내신 '나타난 일', 즉 말씀 이렇게 두 가지가 있다는 것입니다. 그래서 하나님이 숨기신 일은 알 길이 없지만 우리와 우리 자손은 하나님이 주신 말씀을 통해 그분의 뜻을 알 뿐 아니라 길이길이 순종해야 한다는 것입니다. 우리는 하나님이 주신 말씀으로 하나님의 뜻을 배웁니다.

그런데 그렇게 알게 된 뜻을 삶에 적용하기가 그리 쉽지 않습니다. 우리 삶이란 게 늘 우연의 연속 같기 때문입니다. 하나님이 작정하시면 누구도 우리를 해치거나 정죄할 수 없다고 성경은 말하지만, 정작 어려운 일이 생기면 우리는 왜 이 일이 하필 내게 닥쳤는지, 이것이 그저 우연인지, 이 일 가운데 정말 하나님이 뜻하시는 바가 있는지 고민하고 힘들어 합니다.

필연은 우연의 옷을 입고 나타난다

"필연은 우연의 옷을 입고 나타난다." 영국의 유명한 역사학자 E. H. 카의 말입니다. 과거를 돌이켜 보면 알 수 있듯, 처음엔 별 의미 없이 일어나는 것처럼 보이던 일들이 나중에 굉장히 큰 사건으로 귀결된다는 의미입니다. 이런 통찰은 날마다 하나님의 뜻을 묻는 그리스도인의 삶에서도 예외가 아닙니다. 우리 삶에서 일어나는 모든 일들이 우연의 연속인 것 같고 별 의미가 없어 보여도 그 이면에는 하나님의 보이지 않는 손길이 작용하고 있기 때문입니다. 성경은 이런 예를 많이 보여 줍니다. 대표적으로 에스더의 경우가 그렇습니다.

에스더 3장을 보면 하만은 자신의 절대 권력 앞에 무릎 꿇고 절하지 않는다는 이유로 에스더의 삼촌인 모르드개를 죽이려고 합니다(5절). 그는 이참에 평소 눈엣가시였던 유대인들도 함께 몰살할 계획을 세웁니다(6절). 그 사실을 알게 된 모르드개는 조카인 에스더 왕후를 찾아가 자초지종을 얘기하고 유대 백성들과 함께 금식하고 하나님께 부르짖으며 도우심을 구합니다(4:1-3).

그때 '우연한 일'이 일어납니다. 아하수에로 왕이 잠이 오지 않아 신하들을 시켜 왕의 역대 일기를 가져다가 읽게 하는데, 그때 신하들은 하고 많은 일기 중에 왕의 암살 음모를 사전에 막은 모르드개의 무용담을 읽습니다(6:1-2). 왕은 공을 세운 모르드개가 아무 상도 받지 않았다는 사실도 알게 되었습니다. 그때 '마침' 하만이 모르드개의 처형을 간청하러 왕 앞에 나왔습니다(6:4). 왕은 그에게 묻습니다. "왕이 존귀하게 하기를 원하는 사람에게 어떻게 하여야 하겠느냐"(6:6). 하만은 자기를 말하는 줄 알고 냉큼 대답합니다. "왕께서 입으시는 왕복과 머리에 쓰시는 왕관을 가져다가 입히시고 왕이 타시는 말을 타게 하옵소서." 왕은 모르드개에게 빨리 가서 그대로 하라고 하만에게 지시합니다. 결과적으로 하만은 자신이 높아지려고 했던 자리에 모르드개를 앉히고, 모르드개를 죽이려고 세웠던 오십 규빗되는 나무에 자신이 달려 죽고 맙니다(7:10).

사람들은 어떤 목표를 이루기 위해 나름대로 수단을 정하여 열심히 움직입니다. 그러다 보면 때론 우리 계획의 결과인 것처럼 보이는 일들이 삶에 일어나기도 하지만, 그보다 훨씬

많은 일들이 우연이라는 이름으로 일어납니다. 그래서 좋은 일이 생기면 "운이 좋았다", 나쁜 일이 생기면 "재수가 없었다"라고 말합니다. 그러나 아하수에로 왕과 하만의 경우에서 보듯, 우리 눈에 우연한 것으로 보이는 많은 사건 속에서 하나님 아버지께서 분명하게 일하고 계십니다.

우리의 일상은 3차원의 시공간을 벗어나지 못합니다. 하지만 하나님은 우리와 완전히 다른 차원에서 일하십니다. 우리가 상상할 수 없는 영역입니다. 그러니 우리에게 나타내신 하나님의 뜻이 필연임에도 불구하고 우연의 옷을 입고 나타나는 것만 같습니다. 이것을 앞에서 말한, 오묘하게 '감추어진 일'이라고 말할 수 있습니다. 우리는 알지 못해도 보이지 않게 하나님이 그분의 주권적인 뜻을 이루어 가시기 때문입니다.

하지만 하나님이 말씀 안에서 우리에게 '나타내신 뜻'도 있습니다. 우리를 향한 그 뜻은 이런 것들입니다. 거룩함을 추구하라, 서로 사랑하라, 항상 기뻐하라, 쉬지 말고 기도하라, 범사에 감사하라…. 이것은 우리를 향한 하나님의 선하시고 기뻐하시고 온전하신 뜻이고(살전 4:4, 5:16-18, 롬 12:2) 우리가 날마다 하나님의 인도하심을 구해야 하는 일들입니다.

하나님의 '나타내신 뜻'은 특별히 말씀 사역자를 통해 드러납니다. 그러므로 하나님이 듣는 귀와 열린 마음을 주셔서 우리가 말씀을 잘 분별하고 이해하며 받아들일 수 있도록 더욱 기도합시다.

아버지의 뜻은 하늘에서와 같이 이 땅에서도 이루어져야 한다

그런 의미에서 하나님의 '나타내신 뜻'이 이루어지기를 구하는 것은 우리에게 가장 기쁘고 행복한 일임에 분명합니다. 자녀가 아버지의 뜻을 몰라서 하는 일마다 잔소리를 듣고 징계를 받는다면 얼마나 난감한 일입니까? 그러나 하나님 아버지는 우리가 무엇을 어떻게 해야 할지 가르쳐 주셨습니다. 그것에 대한 우리의 마땅한 자세는 순종입니다. 우리는 아버지의 뜻에 합당하게 불평과 원망을 버리고, 우리 생각과 다른 길이 주어질지라도 감사함으로 순종해야 합니다(시 119:61-62). 하지만 삶 속에서 순종하기란 굉장히 어렵습니다. 하나님은 우리를 지극한 사랑으로 대하시지만, 그 수단들이 삶에서 고통의 모습으로 다가오면 어찌할 줄 모르는 것이 우리이기 때문입니다.

그래서 주님은 주기도문의 세 번째 간구에서 "아버지의 뜻이 하늘에서 이루어진 것같이 땅에서도 이루어지기를" 기도하라고 말씀하셨습니다. 이것은 하늘에서 이루어진 일을 땅

위에 있는 우리의 일과 비교하여 하신 말씀입니다. 우리는 하나님의 뜻을 잘 분별하거나 그 뜻에 순종하지 못합니다. 하지만 하늘에서는 하나님의 뜻을 잘 파악하고 완전하게 순종하는데, 이는 바로 천사들의 순종을 말합니다.

시편 103편은 천사들이 하나님의 뜻을 분별하고 온전하게 순종하는 모습을 잘 그리고 있습니다. "여호와께서 그의 보좌를 하늘에 세우시고 그의 왕권으로 만유를 다스리시도다 능력이 있어 여호와의 말씀을 행하며 그의 말씀의 소리를 듣는 여호와의 천사들이여 여호와를 송축하라 그에게 수종들며 그의 뜻을 행하는 모든 천군이여 여호와를 송축하라"(19-21절). 그러면서 천사들이 하나님을 송축하듯 우리도 하나님을 송축하라고 말씀하십니다(22절).

이렇게 주님은 주기도문의 세 번째 간구를 통해, 하늘에서 하나님의 뜻을 기꺼이 수행한 천사들처럼 이 땅에 사는 우리도 순종할 수 있도록 기도하라고 말씀하십니다.

우리는 자주 내 뜻을 주장하는 걸 좋아하고 내 눈과 마음이 가는 대로 기도합니다. 그러나 주님이 가르치셨듯, 하나님이 우리 생각을 붙잡아 주시고, 하나님의 뜻을 잘 분별할 수 있는 눈을 주시며, '나타내신 뜻'에 순종하기 위해 마음을 기울일 수 있게 해달라고 기도하시기 바랍니다.

> 아, 그렇구나!
> 역사 속의 주기도문

주기도문은 언제부터 교회 예배에 사용되었을까?

초대교회의 중요한 자료 중 하나인 '디다케'에는 주기도문을 하루에 세 번 암송하며 기도할 것을 가르치는 내용이 나옵니다. 이것으로 보아 초대교회의 많은 성도들이 주기도문을 외웠음을 알 수 있습니다. 하지만 교회 공식 모임에서는 세례자 교육 자료로 쓰인 것으로 보입니다. 분명한 것은 주기도문은 세례 받은 사람들만 암송할 수 있었다는 것입니다. 하나님을 아버지라고 부를 자격은 세례 받은 자에게만 부여되는 것이었기 때문입니다.

로마 제국의 기독교 공인 이후, 주기도문은 동·서방 교회의 모든 예배에서 사용되었고, 6세기 중반에 들어와선 복음서와 신조 다음으로 중요하게 여겨졌습니다. 1500년경 세례 의식에서 주기도문-아베마리아 송-신앙고백 순으로 사용되기도 했습니다. 마르틴 루터는 아베마리아 송을 빼고 복음서를 낭독한 후 주기도문을 암송하게 했습니다. 그는 1520년 "십계명, 신조, 주기도문에 관한 소고"에서 주기도문을 예배는 물론 가정에서나 개인적으로 암송할 것을 권유했습니다. 개혁교회에서는 성만찬을 준비할 때, 예배를 마치고 축도하기 직전에, 세례나 혼인 또는 안수 때 축복 기도의 의미로 주기도문을 사용했습니다.

— 『이야기 교회사』(이성덕, 살림) pp. 189-191.

우리에게 오늘 필요한 것을 주십시오

나의 필요를 위한 간구는 어떻게 하는가

지금까지 하나님 아버지께 영광을 돌리기 위한 세 가지 간구에 대해 살펴보았습니다. 주기도문에서 전반부에 해당합니다. 주님은 우리에게 기도를 가르치시면서 무엇보다 하나님 아버지의 거룩한 이름과 나라와 뜻을 구하라고 말씀하셨습니다. 이것은 기도의 핵심입니다. 많은 사람들이 기도를 하면서도 응답을 받지 못하는 이유가 대부분 여기에 있습니다. 기도의 핵심을 놓치고 있기 때문입니다.

　오랜 시간 기도는 잔뜩 했는데 온통 자신의 필요만 나열하고 진정한 기도의 목적은 상실하므로 응답을 받지 못하는 것입니다. 그런 사람을 향해 야고보 사도는 "구하여도 받지 못함은 정욕으로 쓰려고 잘못 구함이니라"(약 4:3)고 했습니다. 단순히 우리의 즐거움과 안락함을 위해 필요한 것을 구한다면 그 기도는 하나님 아버지께서 듣지 않으시며 땅에 떨어질 것이라는 의미입니다. 물론 우리에게 꼭 필요한 것들이 있습니다. 그것 없이는 기본적인 삶을 영위하기가 어려울 수도 있습니다. 그럴지라도 이 땅에서 우리에게 필요한 것은 대부분 우리 자신을 위해서가 아니라 하나님께 영광을 돌리기 위한 수단임을 기억해야 합니다.

여기에서 고민이 생깁니다. 그렇다면 우리의 필요를 위해서는 기도하면 안 될까요? 그렇지 않습니다. 다만 주님이 가르쳐 주신 기도의 순서를 생각하면서 간구해야 합니다. 전반부의 세 가지 간구를 먼저 드린 다음, 네 번째 간구부터 우리의 필요를 위한 기도를 하라고 말씀하신 이유를 생각해 보아야 합니다. 서로 관계를 지어 보면 첫째, 우리는 하늘 아버지의 도우심과 인도하심 없이는 살아갈 수 없는 인생임을 확실히 알라는 뜻입니다. 둘째, 이 땅에서 사는 데 필요한 모든 것을 아버지의 영광(거룩함)을 위하여, 아버지 나라의 쓸모에 따라, 아버지의 온전하신 뜻을 이루는 데 필요한 만큼만 구하라는 뜻입니다.

염려를 버리고 구하라

삶에서 필요한 것을 아버지께 구할 때 우리가 고백할 게 있습니다. 우리는 아버지의 도우심과 인도하심 없이는 살 수 없는 인생임을 고백해야 합니다. 이는 하나님이 계신데도 믿음 대신 염려를 붙들고 하나님이 아닌 다른 것들에 기대거나 불신앙에 빠져서는 안 된다는 말이기도 합니다. 하나님만이 우리의 유일한 보호자요 공급자이십니다. 그분은 우리에게 은혜 베풀기를 기뻐하시며 우리를 안전하게 보호하실 수 있습니다. 그러므로 오직 때를 따라 날마다 우리를 먹이고 인도하시는 하나님을 신뢰하며 우리의 염려를 내려놓아야 합니다.

마태복음 6장 25절을 보면 주님은 우리의 모든 걱정거리가 '내일' 일에 집중되어 있음을 아주 잘 아십니다. 그래서 공중에 나는 새와 들에 핀 백합화를 통해 오늘 우리에게 말씀하십니다. 새는 어떻게 자기의 먹을 것을 구합니까? 새는 그저 먹을 것을 찾아 날아다니며 하루하루를 삽니다. 사람처럼 농사 짓고 곡식을 창고에 쌓지 않습니다. 그래도 굶어 죽지 않고 살아갑니다. 하나님이 돌보시기 때문입니다. 하물며 사랑하는 아들 딸인 우리에게 어떻게 해주실까요?

들에 핀 백합화는 어떻습니까? 아무런 수고를 하지 않아도

들에서 피어나 자라며 스스로 옷을 구하려고 애쓰지도 길쌈을 하지도 않지만 영광스러웠던 솔로몬보다 더 아름다운 옷을 입습니다. 어떻게 그것이 가능할까요? 하나님이 돌보시기 때문입니다. 하물며 하나님 아버지의 사랑하는 자녀인 우리는 어떻겠습니까?

마태복음 6장 32-33절에서 주님은 우리가 구하기 전에 이미 우리에게 필요한 것, 있어야 할 것을 다 아신다고 말씀하십니다. 그러므로 내일 일을 염려하지 말고 무엇보다 먼저 아버지의 나라와 의를 구하라고 말씀하십니다. 그러면 우리에게 필요한 모든 것을 더하여 주신다고 합니다.

34절에서는 더 분명히 말씀하십니다. "내일 일을 위하여 염려하지 말라 내일 일은 내일 염려할 것이요 한날의 괴로움은 그날로 족하니라." 내일 염려는 내일의 것입니다. 내일이 어떻게 될지 생각지 말라는 말씀이 아닙니다. 과도한 염려를 버리라는 말씀입니다. 내일 일은 하나님의 몫입니다. 우리의 몫은 오늘 먼저 아버지의 나라와 의를 구하는 것입니다. 그러면 하나님이 우리의 염려를 맡아 책임지십니다. 오늘 하루, 먼저 하나님의 이름과 나라와 뜻을 구하며 살아가는 사람의 내일을 하나님이 책임져 주십니다. 염려를 내려놓고 우리가 하나님께 전적으로 의존하는 존재임을 고백하십시오.

탐심을 버리고 구하라

삶에서 필요한 것을 구할 때 기억할 것이 있습니다. 이 땅에서 당장 필요한 모든 것을 하나님께 구하지만 이 모든 것은 아버지의 영광을 위하여, 아버지 나라의 쓸모에 따라서, 아버지의 온전하신 뜻을 이루는 데 필요한 만큼만 구해야 한다는 것입니다.

오늘 내게 필요한 양식은 무엇일까요? 영어성경은 보통 양식을 '브레드'(Bread)라고 번역합니다. 원어상의 헬라어도 마찬가지입니다. 그러면 바로 빵이라고 생각하겠지요? 그런데 뜻이 하나 더 있습니다. 바로 '돈'입니다. 그렇다면 여기에서 말하는 오늘 하루의 양식이란 우리가 살아가는 데 쓰이는 모든 필수품을 말하는 셈입니다. 돈은 우리에게 필요한 것, 즉 먹는 것, 입는 것, 공부하는 것 등을 얻는 데 필요한 수단이니까요.

하루의 양식이 일상에서 필요한 모든 것이라고 했을 때 질문이 하나 생깁니다. 하루치의 양식이 모든 사람에게 같을까요? 각자 필요하고 사용하는 양이 다 같을 수 있느냐는 말입니다. 과연 오늘 나에게 필요한 양식은 세 끼일까요, 아니면 네 끼일까요? 그런 의미에서 '오늘 필요한 양식'의 문제는 곧 '탐심'의 문제라고도 하겠습니다.

욕심은 남들과 비교하여 자기에게 주어진 것에 만족하지 못할 때 생깁니다. 현재에 만족하는 일은 우리에게 자연스럽지 못합니다. 그래서 오늘의 양식을 위해 기도할 때에도 자신에게 필요한 만큼을 구하는 게 아니라 남들만큼 또는 남들보다 더 많은 것, 더 좋은 것을 달라고 할 때가 많습니다.

잠언 30장에 탐심이 가득한 사람을 거머리에 비유한 이야기가 나옵니다. 15절을 보십시오. "거머리에게는 두 딸이 있어 다오 다오 하느니라 족한 줄을 알지 못하여 족하다 하지 아니하는 것 서넛이 있나니."

14절에 따르면 이 거머리는, 앞니는 긴 칼과 같고 어금니는 큰 칼 같은 자로서 자기가 가지고 있는 것에 만족하지 못하고 가난한 자의 것까지 빼앗는 악인입니다. 늘 악행을 하면서도 만족하지 못합니다. 원래 그 기질이 탐심으로 가득하기 때문입니다. 그 탐심은 피를 빨아먹는 거머리에 비유됩니다. 그들은 거머리에게서 난 두 딸과 같이 "더 많은 피를 다오. 난 피가 필요해, 피를 다오, 다오" 하고 있습니다. "더 많은 돈을 다오, 돈을 다오, 다오, 다오" 하고 소리칩니다.

거머리는 '달라붙다'라는 뜻을 가진 아라비아어에서 유래했습니다. 여기에서 '두 딸'은 거머리 몸체 끝에 달린 두 흡착판을 말합니다. 하나는 동물의 몸에 달라붙는 데, 또 하나는 피를 빠는 데 사용한다고 합니다. 상상해 보십시오. 온몸이 뚱뚱 부풀어 올라도 만족하지 않고 동물의 몸에 달라붙어 계속 피를 빨아대는 거머리의 모습! 결코 만족할 줄 모르는 인간의 끝없는 탐심! 탐심을 넘어선 잔혹함!

"욕심 좀 부렸다고 사람을 탐심의 끝판왕 '거머리'에 비유하는 건 너무 하지 않소? 난 적어도 거머리 같은 인간은 아니오"라고 항변하는 사람이 있을지 모르겠습니다. 맞습니다. 성실한 그리스도인으로 살아가려는 이들에게 '거머리'라는 이름은 과할지도 모릅니다. 하지만 우리 안에 저마다 가지고 있는 탐심의 씨앗은 언제 싹이 터서 무섭게 자라날지 모릅니다. 사람의 욕심은 밑빠진 독처럼 채워지지 않고 남의 떡은 늘 커 보이기 때문입니다. "욕심이 잉태한즉 죄를 낳고 죄가 장성한즉 사망을 낳느니라"(약 1:15).

만족할 줄 모르고 달라고만 하는 탐심을 물리치기 위해 주님은 이렇게 기도하라고 말씀하십니다. "우리에게 오늘 필요한 양식을 주시옵소서." 우리는 이 네 번째 기도를 통해 오늘 하루에 필요한 것으로 만족할 줄 알아야 합니다.

다니엘과 세 친구는 하나님의 말씀에 순종하여 왕이 베푼 스페셜 프리미엄 뷔페를 거부하고 채소만 먹었어도 어느 고급 식당에서 먹은 사람보다 얼굴이 더 아름답고 지혜로웠다고 합니다(단 1:12-15). 하나님이 채소에 보통 이상의 축복을 불어넣으신 것입니다. 초라한 밥상에도 하나님의 사랑이 함께하니 엄청난 기적이 일어났습니다.

만족합시다. 비교하지 맙시다. 오늘 하루가 나에게 주어진 것을 감사합시다. 비록 다른 사람보다 가난하더라도, 머리가 나쁘더라도, 키가 작아도, 얼굴이 좀 그래도 오늘 하루 내게 필요한 것을 나보다 더 잘 아시는 하나님께 염려를 내려놓고 감사를 드립시다.

그리고 오늘 하루 우리에게 필요한 것을 위해 기도합시다. 하나님이 그분의 이름과 나라와 뜻이 드러나도록 하는 일에 필요한 것들을 공급하시도록 기도합시다. 다른 사람보다 좀 부족하게 가지고 있어도 우리는 하나님을 아버지로 둔 자녀이니 세상에서 가장 복된 사람이 아니겠습니까?

우리가 용서받은 것같이
형제를 용서하게 해주십시오

용서가 없는 곳에는 복수만 남는다

박찬욱 감독의 복수 3부작을 아십니까? 〈복수는 나의 것〉을 시작으로 〈올드보이〉, 〈친절한 금자씨〉로 이어지는 세 편의 영화를 말합니다. 이 3부작은 피해자와 가해자의 명확한 구분이 없는 것이 특징입니다. 피해자는 피해자인 동시에 또 다른 가해자가 됩니다. 영화를 보다 보면 가해자보다 더욱 악랄해지는 피해자를 보게 됩니다. 복수를 위해 집요하고 끈질기게 집착하지만, 정작 복수가 끝나면 그 끝은 허망합니다.

복수 3부작을 통해 박찬욱 감독은 인간의 복수는 악순환될 뿐임을 보여 주려 한 것 같습니다. 〈올드보이〉에 나오는 한

대사가 그런 마음을 대신 말해 주는 듯합니다. "상처받은 자한테 복수심만큼 잘 듣는 처방은 없어요. 한번 해봐. 15년 동안의 상실감, 처자식을 잃은 고통, 이런 거 다 잊어버릴 수 있을 거야. 다시 말해서 복수심은 건강에 좋다! 하지만…복수가 다 이루어지고 나면 어떨까? 아마…잊고 있던 고통이 다시 찾아올걸?"

복수는 나에게 상처를 준 사람, 금전적·정신적·신체적 피해를 준 사람, 또는 사랑하는 사람이나 가족에게 상처를 입힌 사람 등에게 그들이 했던 그대로 되갚아 주는 것입니다. 때론 더 심하게 앙갚음하는 것입니다. 내가 받은 상처를 그대로 되돌려주는 것만으로는 성에 차지 않기 때문입니다. 서글픈 사실은 우리의 삶에는 상처를 주기만 하는 사람도, 받기만 하는 사람도 없다는 것입니다. 우리 모두는 피해자이기도 하고 가해자이기도 합니다. 자신의 고통과 상실을 극복하고자 복수를 생각하고 실행에 옮기면서 또 다른 피해자를 만드니 말입니다. 결국 복수는 가해자와 피해자가 누구인지 모르게 만듭니다. 이렇게 복수는 서로가 서로를 죽이는 일입니다.

이런 사회에서 주님이 가르쳐 주신 기도의 다섯 번째 간구는 매우 중요합니다. 이것은 우리의 영혼을 위한 기도로서 용서에 대해 말하고 있기 때문입니다. 그 순서에도 주목할 필요가 있습니다. 주기도문 후반부 세 가지 기도의 핵심은 하나님께 영광을 돌리기 위한 수단으로서 우리에게 필요한 기도들입니다. 네 번째 간구에서는 육체적 필요를 구했다면, 다섯 번째와 여섯 번째 간구에서는 영적 필요를 구하고 있습니다. 이 기도들은 따로 떨어져 있지 않습니다.

특별히 영혼을 위한 기도가 육체를 위한 기도 다음에 있는 이유를 기억하시기 바랍니다. 이 세상의 염려와 탐심을 내려놓고 오직 하나님이 우리 육체의 필요를 온전히 채워 주신다는 사실을 믿는 사람만이, 자신의 영적인 필요도 하나님이 채워 주신다는 사실을 알기 때문입니다.

갈릴리 가나에서 예수님을 만난 왕의 신하를 떠올려 보십시오. 그는 예수님의 말씀으로 아들의 병이 낫자 하나님을 믿게 됩니다(요 4:53). 하지만 오병이어의 기적을 맛본 많은 무리들은 달랐습니다. 그들은 오병이어의 기적으로 배불리 먹고 육체의 필요를 채웠으나 그 기적을 베푸신 '산 떡' 예수님에 대해선 관심이 없었습니다. 그 기적이 하나님에게서 온다는 사실을 믿지 않았기 때문입니다.

우리는 육체의 필요를 구하는 데서 멈추지 않고 영적 필요를 구하는 데로 나아가야 합니다. 그런 점에서 영적 필요를 채우는 데 핵심이 되는 다섯 번째 간구, 용서는 매우 중요합니다.

우리는 삼위 하나님과 누리는 영광스러운 교제를 통해 영혼에 필요한 것들을 공급받습니다. 사랑과 기쁨, 거룩함과 평안 등입니다. 반면에 우리 안에 있는 죄는 하나님과의 교제를 망가뜨립니다. 뿐만 아니라 하나님에게서 오는 모든 영적인 공급을 차단합니다. 그러므로 하나님과의 관계를 회복하려면 죄 문제를 해결해야 합니다. 하나님이 주시는 용서가 필요합니다.

자신에게 있는 죄 문제를 깊이 인식한 사람은 하나님이 주시는 용서가 얼마나 감사한지 압니다. 더 나아가 죄 문제를 해결하고 하나님과 새로운 교제의 기쁨을 맛본 사람은 다른 사람을 진정으로 용서할 수 있습니다.

우리는 용서받아야 하는 죄인이다

부모가 아이들을 야단칠 때 가장 먼저 묻는 말이 "너 뭐 잘못했는지 아니?"입니다. 뭘 잘못했는지 모른 채 매가 무서워서 무조건 용서해 달라고 하면 도리어 매만 벌게 되지요. 부모는 고집 부리는 자식을 깨우치기 위해 더 크게 혼낼 것입니다. 우리 하나님 아버지도 자녀인 우리에게 물으십니다. 우리가 하나님에게 용서받아야 할 죄가 무엇인지 말입니다.

성경은 죄를 가리켜 '빚'이라고 합니다. 빚은 갚아야 할 것을 갚지 못하거나 돌려주지 못할 때 생깁니다. 죄 지은 사람은 빚을 갚아야 하는 채무자가 되는 것입니다. 채무자가 할 일은 돈을 갚는 것이고, 그렇지 못할 경우 법의 심판을 받습니다. 마찬가지로 죄에는 치러야 할 값이 있습니다. 그 값을 치르지 않으면 하나님께 유죄 판결을 받습니다.

문제는 우리가 죄인으로서 빚을 갚아야 하는데도 죄값을 치를 능력이 없다는 것입니다. 다윗도 자신의 죄에 대해 이런 고백을 했습니다. "수많은 재앙이 나를 둘러싸고 나의 죄악이 나를 덮치므로 우러러 볼 수도 없으며 죄가 나의 머리털보다 많으므로 내가 낙심하였음이니이다"(시 40:12). 다윗은 머리털보다 많은 자신의 죄를 보고 낙심합니다. 수많은 재앙이 둘러싸고 죄악이 덮쳐 고통스러워합니다. 다윗의 이 고백은 혼자만의 것이 아닙니다. 우리 모두가 겪고 있는 공통된 현실입니다.

우리는 죄에 둘러싸여 있습니다. 재앙이 덮쳤습니다. 이 상황을 해결하고자 하나 능력이 없고 완전히 파산했습니다. 원금 상환은커녕 이자만 늘어 빚에서 헤어날 방도가 없습니다. 우리에게 내려질 판결은 오직 한 가지, 사망입니다.

영원한 죽음의 감옥에 갇혀 죄 문제를 해결하지 못한 우리의 모습을 상상해 보십시오. 기쁨과 평안 대신 한탄과 한숨이 인생의 이정표가 됩니다. 어디로 가든 현실은 저주와 사망의 심판대뿐입니다. 이 문제를 해결해야 하지만 이미 감당할 수준을 넘어섰습니다.

그렇다면 우리에게는 아무런 소망이 없는 것일까요? 아닙니다. 우리는 청산할 수 없지만 아버지는 능히 감당하십니다. 먼저 하나님은 자녀들 안에 상한 심령을 부으십니다(슥 12:1). 애통하고 통곡하는 마음을 주십니다(슥 12:10). 우리가 감당하지 못하는 죄 문제를 해결하러 하나님 아버지의 은혜 앞에 나오도록 마음을 무너뜨려 주십니다. 우리의 마음속에 성령 하나님이 이렇게 역사하셔야만 빚을 해결받을 길이 열립니다(겔 36:25-28).

상한 마음을 안고 아버지 앞에 나와 간구하는 사람에게 하나님은 그리스도를 믿는 은혜를 베푸시고 그리스도의 십자가의 능력으로 단번에 죄 문제를 해결해 주십니다. 그것은 일시적인 용서가 아닙니다. 부분적인 용서도 아닙니다. 아버지가 주시는 용서는 그리스도로 인해 성령의 은혜로 주어지기에 철저하고 완전한 용서입니다. 그 용서를 받은 사람만이 하나님과 화평을 누리고 하나님과의 새로운 교제의 기쁨을 맛보며 하나님의 아들이라고 제대로 일컬음을 받게 됩니다(마 5:9).

진정한 용서를 받은 사람만이 용서할 수 있다

하나님께 진정한 용서를 받은 사람은 마음에 변화가 일어납니다. 지금은 복수가 복수를 낳는 시대라고 하지만 죄 문제를 완전히 해결하고 하나님과 교제를 회복한 사람은 복수 대신 다른 선택을 내립니다. 그것은 주기도문의 다섯 번째 간구를 통해 주님이 가르치기 원하시는 용서입니다. 주님은 1만 달란트 빚진 종의 비유를 들어 우리가 어떠한 삶을 살아야 하는지 잘 보여 주십니다.

마태복음 18장 23-35절을 보면, 주인에게 1만 달란트를 빚진 종의 이야기가 나옵니다. 지금 이 돈을 환산하면 약 1조 원 정도 됩니다. 종에게는 이렇게 엄청난 돈을 갚을 능력이 없습니다. 종은 "기회를 주십시오. 제가 반드시 다 갚겠습니다"라고 간청합니다. 주인은 종의 딱한 형편을 고려하여 빚을 모두 탕감해 줍니다.

그런데 1만 달란트를 탕감받은 종이 자기에게 100데나리온 빚진 동료를 만나자 그의 멱살을 잡고 빚을 갚으라고 독촉합니다. 1데나리온은 한 사람의 하루 품삯입니다. 그러니 100데나리온은 100일 정도의 품삯인 것이지요. 우리 돈으로 일당 6-8만 원씩 계산하면 약 600-800만 원입니다. 자신이 주인에게 탕감받은 액수에 비하면 아무것도 아닙니다. 그럼에도 이 종은 자기에게 빚진 동료의 먹살을 잡고 다그칩니다. 빚진 동료는 바닥에 엎드려 시간을 달라고 간청합니다(28절). 그러나 종은 무자비하게 동료를 감옥에 가둬 버립니다. 이를 본 다른 동료들이 이 사실을 주인에게 알리고, 소식을 들은 주인은 그 종을 불러 이렇게 말하며 그를 옥에 가둡니다. "내가 너를 불쌍히 여김과 같이 너도 네 동료를 불쌍히 여김이 마땅하지 아니하냐"(33절).

주님이 이 비유를 드신 이유는, 하나님 아버지께서 이 종이 감당할 수 없었던 빚보다 더 큰 우리 죄를 용서하셨음을 알려 주기 위해서입니다. 하나님의 무한한 은혜로 죄의 빚을 탕감받은 우리는 우리에게 죄 지은 사람에게 동일한 자비를 베풀어야 합니다. 마태복음 18장 35절을 보십시오. "너희가 각각 마음으로부터 형제를 용서하지 아니하면 나의 하늘 아버지께서도 너희에게 이와 같이 하시리라." 우리가 하나님께 용서받은 죄는 1만 달란트나 되지만, 우리가 용서해야 할 형제의 죄는 100데나리온에 불과합니다. 우리 개념으로 하면 '조'와 '백만'의 차이입니다. 그 죄의 무게가 느껴지십니까? 그런데도 누가 누구를 용서하지 못하겠습니까?

진정한 용서를 경험한 사람은 다윗의 고백처럼 자신의 죄에 대한 처절한 낙심과 하나님의 은혜에 대한 깊은 감사가 있습니다. 또한 진정한 용서를 경험한 사람은 성령 하나님이 그의 마음과 삶에 일으키시는 진정한 용서가 있습니다. 용서 대신 정의를 구현하려고 사회법에 기대려면 당연히 그럴 수 있겠지만, 하나님은 우리가 그보다 먼저 자비를 선택하기 바라십니다. 하나님의 자비하심은 전제 조건이나 차별이 없습니다. 어느 때는 용서가 가능하고 어느 때는 불가하다면 그것은 용서가 아닙니다.

그렇다고 우리가 다른 사람의 죄를 용서하는 것이 결코 우리의 의나 공로가 될 수 없습니다. "하나님 보세요. 저도 다른 사람의 잘못을 용서하잖아요. 그러니까 하나님도 저를 용서해 주세요." 이런 것이 아닙니다. 우리가 다른 사람의 죄를 용서했기 때문에 그것을 근거로 우리 죄를 용서받는 것이 아닙니다. 죄 문제를 해결할 권한은 우리가 아니라 오직 하나님 아버지께만 있으니까요.

그러므로 주기도문의 다섯 번째 간구는 실제로 이렇게 기도하는 것입니다. "저는 누군가를 용서할 자격이 전혀 없는 사람입니다. 용서를 베풀기도 정말 힘듭니다. 하지만 저 같은 사람에게도 베푸시는 하나님의 자비하심에 힘입어 저도 조금이나마 자비를 베풀기 원합니다. 성령 하나님의 능력으로 자비를 베풀고자 합니다. 그러니 무한한 자비의 원천이신 주님! 우리의 죄를 용서해 주십시오. 또한 우리가 우리에게 죄 지은 형제를 용서할 수 있게 도와주십시오."

우리가 시험 당할 때 건지시고
죄에 빠지지 않게 도와주십시오

시험 가운데 있는 우리의 삶

우리 삶은 시험의 연속입니다. 학교에서, 사회에서, 가깝게는 친구나 가족에게서 시험을 받습니다. 여기에서 '시험'이란 무엇을 말할까요? 일상에서 고난과 환난, 실패와 좌절, 시련과 실의, 고통을 겪을 때 우리는 보통 '시험에 들었다'고 합니다. 왜 우리는 이런 시험에 들까요?

성경에도 시험에 든 인물들이 아주 많이 나옵니다. 선악을 알게 하는 나무 실과로 '시험에 든' 아담(창 2장), 독자 이삭을 바치라는 하나님의 말씀에 '시험에 든' 아브라함(창 22장), 성령에 이끌려 광야에 나갔다가 마귀에게 '시험에 든' 예수님(마 4:1, 눅 4:1), 예수님의 오병이어 기적 때 '시험에 든' 빌립 (요 6:6), 격한 싸움으로 각 방을 쓰게 된 '시험에 든' 부부(고전 7:5), 더 많은 것을 갖지 못해, 좋은 직장을 구하지 못해, 돈이 없어 '시험에 든' 사람(약 1:14) 등이 그들입니다. 그들에게 시험은 어떤 것일까요?

이 대목에서 우리는 시험을 구분할 필요가 있습니다. 첫째, 하나님이 우리 마음의 깊은 것들을 드러내고 깨닫게 하기 위해 쓰시는 시험이 있습니다. 둘째, 사탄과 세상과 나의 옛 사람이 합작하여 나를 흔드는 시험이 있습니다. 앞에서 든 예에 적용해 보면 아담과 아브라함, 빌립이 받은 시험은 첫 번째에 해당합니다. 예수님과 부부와 보통 사람이 받은 시험은 두 번째에 해당합니다.

이처럼 우리의 삶에는 늘 두 가지 시험이 있다는 사실을 기억하시기 바랍니다. 특별히 주님은 주기도문에서 이 두 번째 시험을 위해 기도하라고 말씀하셨습니다. 그 시험은 우리를 압도하고 아버지의 거룩하신 이름과 나라와 뜻을 거부하게 만들기 때문입니다. 그 시험은 우리의 모든 필요가 아버지에게서 오지 않는다고 우리를 속입니다. 용서하지 말고 복수하라고 끊임없이 속삭입니다. 그러니 주기도문의 마지막 간구인 이 여섯 번째 기도가 얼마나 중요한지 모릅니다.

우리는 지금 전쟁 중이다

우리는 영적 전쟁의 한가운데서 살아갑니다. 문제는 우리가 살고 있는 이 시대가 겉보기에 평화롭고 풍요롭다는 것입니다. 그러니 전쟁이 벌어지고 있는지 깨닫기가 힘듭니다. 하지만 이것은 적의 기만전술입니다. 전쟁터 한가운데 있지만 전쟁의 난리와 소문을 깨닫지 못하게 하는 적의 기만전술에 속는 것입니다.

우리는 평화를 외치는 빛의 천사로 가장한 '사탄과 전쟁 중'임을 기억해야 합니다(고후 11:14). 겉보기에는 평화로워도 현실을 제대로 깨닫지 못하면 그 결국은 멸망이요 사망이기 때문입니다. 사탄은 우리의 눈과 귀를 어둡게 하여 결정적 순간에 우리를 삼킬 것입니다(벧전 5:8). 우리를 야금야금 갉아먹어 파멸의 길에서 헤어나지 못하게 할 것입니다.

여기에 대적이 펼치는 기막힌 전술이 하나 더 있습니다. 우리의 '본성'을 동맹군으로 삼는 것입니다. 적이 밖에서 움직이면 적어도 구분은 할 수 있습니다. 누가 적인지 아군인지 확인할 수 있으니까요. 그러나 안에서 움직이는 적은 구분하기 어렵습니다. 그래서 내부의 적은 아주 위험합니다. 마찬가지로 대적이 우리의 본성과 연합하여 작전을 벌이면 구분하기 어렵고 싸우기도 만만치 않습니다. 이 사실은 누가복음 22장을 보면 잘 알 수 있습니다.

주님이 십자가를 지기 전에 겟세마네 동산에 올라가 기도를 하셨습니다. 이때 사탄도 동시에 일하기 시작합니다. 가룟 유다의 마음에 들어가 배신자가 되게 한 것입니다. 이 모든 일을 아시는 주님은 제자들에게 "시험에 들지 않게 깨어 기도하라"고 말씀하십니다(마 26:41). 그러자 베드로가 다른 사람들은 다 예수님을 버려도 자신은 그렇지 않겠다고 호언장담합니다(마 26:33).

그런데 예수님은 베드로의 신앙을 격려하고 용기를 주기는커녕 이해하기 어려운 말씀을 하십니다. "사탄이 너희를 밀 까부르듯 하려고 요구하였으나"(눅 22:31). 이것은 밀을 키질하듯 사탄이 베드로를 체 위에 놓고 흔들기를 한다는 말씀입니다. 다시 말해, 사탄이 베드로의 연약함과 부족함, 무기력함을 이용한다는 말씀입니다. 이에 베드로는 자신 있게 대답합니다. "무슨 말씀이세요? 저 모르세요? 다른 제자들은 다 주님을 모른다 해도 저는 이미 죽을 각오를 했습니다. 주님이 어딜 가시든 따라가겠습니다"(마 26:33 참고). 베드로의 자신만만한 태도에 주님은 "오늘 밤 닭 울기 전에 네가 세 번 나를 부인하리라"(마 26:34)고 말씀하십니다.

예수님의 말씀은 바로 현실이 됩니다. 베드로는 대제사장 집으로 끌려간 예수님이 궁금했습니다. 처음에는 대제사장 집 문 밖에 서서 상황을 지켜봤습니다(요 18:16). 그때 한 여종이 그에게 "너도 갈릴리 사람 예수와 함께 있었다"고 말합니다. 베드로는 당황하며 "네가 무슨 말을 하는지 모르겠다"고 대답합니다. 그런 다음 문 앞으로 가자 문을 지키던 여종이 베드로를 보고 외칩니다. "이 사람은 나사렛 예수와 함께 있었다." 베드로는 다시 한 번 "나는 그 사람을 알지 못한다"고 부인했습니다. 그리고 태연한 척 추위를 피해 불 앞에 서 있는 사람들 틈에 섰습니다(요 18:18). 그러자 이제는 곁에 서 있던 사람이 외칩니다. "이 자는 예수와 한패다. 말투가 똑같지 않느냐?" 이에 베드로는 예수님을 저주하고 맹세하면서 말합니다. "나는 그 자를 알지 못하오." 이렇게 베드로는 예수님의 말씀처럼 세 번 예수님을 부인합니다. 그러고 나서 곧 닭이 세 번 울고 베드로는 밖으로 나가 심히 통곡합니다(마 26:67-75, 눅 22:56-60).

베드로는 강하고 싶었을 것입니다. 진실로 주님을 배반하고 싶지 않았을 것입니다. 하지만 그렇게 하지 못했습니다. 처음에는 예수님을 모른다고 맹세만 했지만, 두 번째는 맹세하며 부인했고, 마지막에는 저주하고 맹세하면서 부인하기까지 강도가 세졌습니다.

부활하신 주님이 디베랴 호수에서 다시 어부 일을 하고 있는 제자들에게 나타나셨습니다. 그리고 직접 숯불에 구운 떡과 생선으로 아침식사를 나눈 후 시몬 베드로에게 묻습니다. "시몬아 너는 나를 사랑하느냐?" 이렇게 주님은 세 번 베드로에게 질문하셨습니다. 베드로는 똑같은 대답만 합니다. "내가 주님을 사랑하는 줄 주님께서 아시나이다." 그때마다 베드로는 심정이 어떠했을까요? 창피함과 민망함이 극에 달했을 것입니다. 숯불 앞에서 주님이 세 번 "나를 사랑하느냐"고 물으셨을 때, 자신이 다른 숯불 앞에서 주님을 세 번 부인했던 기억이 났을 것입니다. 자신의 완고함과 부족함이 어떤 결과를 가져왔는지, 사탄이 자기 안에서 역사하는 힘이 얼마나 큰지 뼈저리게 느꼈을 것입니다. 그런데도 주님은 다시 베드로를 찾아오셨고 책망하시기는커녕 내 양을 치라, 먹이라는 사명을 주십니다(요 21:15-17). 얼마나 놀라운 사랑입니까?

사도 베드로의 말을 기억합시다. 그는 직접 경험했기에 확신하며 말했을 것입니다. "근신하여 깨어 있으라. 우리의 대적 사탄은 우는 사자처럼 두루 다니며 삼킬 자를 찾는 무시무시한 존재이다. 그러므로 믿음을 굳건하게 하여 시험에 들지 않도록 기도하라." 이것은 성령 하나님이 베드로를 통해 우리에게 하시는 말씀입니다. 은혜의 아버지께서 그리스도 안에서 우리를 온전하게 하시고 강하게 하시며 터를 견고하게 하시기를 기도하라는 말씀입니다(벧전 5:8-10).

예수 그리스도를 바라보라

베드로는 왜 시험에 들었고 실패했을까요? 자신만만해서 그랬을까요? 물론 그렇겠지요. 그렇다면 우리는 잘할 수 있을까요? 아닙니다. 우리 역시 우리의 힘을 의지하면 실패할 수밖에 없습니다. 그래서 주님은 지금 우리에게 "아버지, 우리가 시험 당할 때 건지시고 죄에 빠지지 않게 도와주시옵소서"라고 기도하라고 말씀하시는 것입니다. 승리의 길은 우리가 아니라 예수 그리스도를 바라보는 데 있습니다.

다시 누가복음 22장을 봅시다. 사탄이 하나님께 베드로와 다른 제자들을 요구했습니다. 이때 주님은 한 가지를 더 말씀하십니다. "그러나 내가 너를 위하여 네 믿음이 떨어지지 않기를 기도하였노니 너는 돌이킨 후에 네 형제를 굳게 하라"(32절). 참 은혜입니다. 주님은 우리의 약함을 이미 아시고 사탄의 요구에 대해 하늘 아버지 앞에서 친히 중보자로 기도하고 계십니다. 우리를 대신하여 싸우고 계십니다.

제자들은 걱정할 필요가 없습니다. 주님은 분명히 "너는 돌이킨 후에"(눅 22:32)라고 말씀하셨습니다. "만약 네가 돌이키면"이 아닙니다. 주님은 이미 베드로가 자기 힘을 믿다가 실패할 것을 알고 계셨습니다. 부활하신 주님이 베드로에게 다시 나타나셨던 상황을 떠올려 보십시오. 그들은 물고기를 잡으려 했으나 잡지 못했습니다. 그때 주님은 물고기 153마리를 잡는 기적을 보여 주셨습니다. 우리는 아무리 애써도 못하지만 주님은 말씀으로 모든 일을 다 하십니다. 또한 뭍에 먼저 도착하여 숯불에 떡과 고기를 준비하고 제자들에게 주셨습니다. 이것은 우리 주님만이 우리에게 필요한 모든 것을 채워 주심을 확실하게 보여 줍니다(요 21:5-14).

그러므로 우리는 다른 것에 눈을 돌리거나 의지하면 안 됩니다. 우리 대장 되신 예수 그리스도를 바라보며 나아가야 합니다. 사탄은 우리가 하나님을 위하여 하나님의 이름과 나라와 뜻을 구하며 행하는 모든 것을 훼방하려고 애씁니다. 우리 앞에 계신 예수 그리스도를 가려서 보지 못하게 하려 합니다.

그러나 우리는 이런 위협 앞에서 담대할 수 있습니다. 왜냐하면 동시에 우리 주님도 일하시니까요. 우리 주님이 하나님 아버지께 보호를 요청하시고, 사탄이 틈 타서 우리를 시험하는 상황에 빠트리지 못하도록 친히 기도하십니다. 사탄의 모든 간계를 파악하고 계시는 주 예수님께만 승리가 있습니다. 예수님을 바라보는 것이 승리입니다(마 4:1-11).

하나님 우리 아버지를 의지하십시오. 그분의 거룩한 이름과 나라와 뜻을 구하십시오. 하나님의 능력만 구하는 기도를 하십시오. 그러면 모든 것에 지혜로우신 성령님이 우리에게 길을 알려 주시고, 우리의 대장 되신 성자 예수님이 매일 매시간 매순간 우리를 악한 자에게서 구원해 주실 것입니다.

예루살렘 감람산에 위치한 주기도문 교회. 히브리어와 아람어로 된
주기도문 석판이 1102년에 처음 새겨진 이후로 현재까지 한국어를 포함해
80여 개국의 언어로 된 주기도문이 교회 벽면에 새겨져 있다.

나라와 권세와 영광이
아버지께 영원히 있습니다

주기도문의 대미 '송영'

지금까지 주님이 가르치신 기도를 배웠습니다. 그렇다면 이제 기도할 때마다 달라진 우리를 보게 될까요? 예전에는 몰라서 못했다 치더라도 이제는 주님이 원하시는 것이 무엇인지 알았으니 기뻐하시는 그 뜻대로 기도하면 될 것입니다. 그런데 그게 말처럼 쉽지는 않습니다. 일용할 양식을 구하다 보면 여전히 변화되지 않은 우리의 삶이 보입니다. 염려를 내려놓지 못하고, 오늘 필요한 것을 구해야 하는데도 나의 욕심이 그것을 허락지 않습니다. 오늘 나에게 주어질 것에 확신을 갖지 못하고 더 많은 것을 구합니다.

다른 사람을 용서하기도 굉장히 힘듭니다. 주님의 위로와 대신 갚아 주심을 인정하고 바라면서도 마음을 다스리기가 참 만만치 않습니다. "감정은 이성보다 빠른 발"이라고 했나요? 늘 머리보다 손발이 더 앞섭니다.

　죄 문제도 마찬가지입니다. 형제의 죄에 대해서는 한없이 민감하고 신랄하지만, 나 자신에 대해서는 한없이 관대합니다. 끝없이 반복되는 저의 죄 문제를 놓고 오랫동안 기도한 적이 있습니다. 이젠 그만 죄의 사슬을 끊어 버리고 싶었습니다. 무릎을 꿇고 몇 시간이나 통곡하며 기도에 매달렸습니다. 그러나 그때뿐이었습니다. 변하지 않았습니다. 돌아서면 반복하여 죄를 짓고 있는 저를 발견했습니다. 무엇이 잘못 되었을까요? 주님이 가르쳐 주신 대로 기도하며 눈물과 땀방울로 머리를 적셨는데 뭐가 문제였을까요?

　마지막 송영입니다. 저는 이 부분에 집중해야 했습니다. 쉽게 변하지 않는 제 현실보다는 하나님께 집중해야 했습니다. 눈을 땅에 두지 않고 고개를 들어 하나님을 바라보아야 했습니다. 그런데 저는 계속 제 자신을 들여다보며 제 의지가 변화되기만 기대했습니다. 그것이 문제였습니다.

　하나님 아버지의 영광을 위하여, 그리고 하나님 아버지께 영광 돌리는 데 필요한 것을 위하여 간구해야 하지만, 대부분 우리는 거기에서 머무르고 맙니다. 간구도 해야 하지만 더 나아가 확신이 필요합니다. 기도를 마친 후에 이 모든 기도를 아버지께서 들으시고 응답하신다는 확신 가운데 감사의 송영을 올려 드려야 합니다.

"나라와 권세와 영광이 아버지께 영원히 있습니다!"

눈을 들어 하늘을 보라

개정개역판에는 빠져 있습니다만 개역한글판 주기도문에는 주기도문이 끝나 간다는 것을 알리는 단어가 하나 나옵니다. 주기도문을 한달음에 외우다가 이 단어가 나오면 긴장감이 쏙 풀리면서 '이제 마칠 때가 되었구나' 하는 생각이 듭니다. 바로 '대개'입니다.

'대개'(大蓋)라는 말을 국어사전에서 찾아보면 "일의 큰 원칙으로 말하자면", "지금까지의 일로 미루어 보건대"라는 뜻입니다. 즉 '대개'를 붙여 주기도문의 마지막 송영을 읽으면, "지금까지 간구한 기도의 큰 원칙으로 보자면, 나라와 권세와 영광이 아버지께 영원히 있습니다"라는 뜻입니다. 영어로 치자면 for입니다. 헬라어 원문도 같습니다. 여기에서 for는 이유

접속사로 쓰였습니다. '왜냐하면'입니다. 정리하자면 "왜냐하면 주님의 나라와 권세와 영광이 영원히 주님께 있기 때문입니다"라는 뜻입니다. 우리 생활에 필요한 양식, 죄 용서, 악으로부터의 보호 등을 이야기한 다음에 그 '근거'를 제시하는 것입니다.

송영의 핵심은 나라와 권세와 영광이 우리의 모든 간구를 들으시는 하나님 아버지께만 있다는 찬송입니다. 하나님 우리 아버지는 왕이시기에 '나라'의 통치자이십니다. 만물에 대한 모든 '권세'를 가지셨습니다. 그러므로 홀로 '영광'을 받으시도록 우리가 드린 간구를 이루실 것입니다. 그러니 확신 가운데 감사와 찬양으로 이런 송영을 드려야 마땅하겠지요.

'하나님의 영광을 위한' 간구와 '하나님의 영광을 위한 모든 필요를 구하는' 간구를 드린 우리가 확신을 둘 곳은 우리 자신이 아닙니다. 나라의 통치자이자 만물의 권세자이며 홀로 영광을 받으실 하나님께 확신을 두어야 합니다. 하나님 아버지는 하나님의 이름과 나라와 뜻을 위하는 우리의 간구를 들으실 것입니다. '나라와 권세와 영광'이 오직 하나님 아버지께만 있기 때문입니다. 우리에게 일용할 양식을 주시고, 우리 죄를 용서하시고, 악에서 구해 달라는 간구 역시 하나님이 이루실 것입니다. '나라와 권세와 영광'이 오직 하나님 아버지께만 있기 때문입니다.

간구는 우리가 하지만, 들으시고 이루시는 분은 하나님입니다. 그 일은 오직 하나님만이 하실 수 있습니다. 하나님이 나라의 통치자시며, 모든 권세를 가지셨으며, 홀로 영광을 받기 위해 매진하실 것이기 때문입니다.

그러므로 기도한 후에 나 자신을 보지 마십시오. 땅에 눈을 두지 마십시오. 눈을 들어 하나님을 바라보십시오. 모든 간구를 이루실 하나님께 확신을 두고, '나라와 권세와 영광이' 오직 하나님께만 있다는 감사와 찬송의 송영을 드리십시오.

하나님께만 모든 영광을 돌리는 삶을 위하여

주기도문에 나오는 송영은 다니엘 7장을 보면 그 의미를 더 쉽게 이해할 수 있습니다. 13-14절입니다.

> 내가 또 밤 환상 중에 보니 인자 같은 이가 하늘 구름을 타고 와서 옛적부터 항상 계신 이에게 나아가 그 앞으로 인도되매 그에게 권세와 영광과 나라를 주고 모든 백성과 나라들과 다른 언어를 말하는 모든 자들이 그를 섬기게 하였으니 그의 권세는 소

멸되지 아니하는 영원한 권세요 그의 나라는 멸망하지 아니할 것이니라.

아버지 하나님이 아들이신 예수님(인자)에게 "권세와 영광과 나라"를 주십니다. 영원히 소멸되지 않는 권세, 영원히 멸망하지 않는 나라를 주십니다. 다니엘의 이 환상을 우리가 '곧' 두 눈으로 확인하게 될 것입니다.

주님은 마지막 때에 일어날 일을 말씀해 주셨습니다.

> 그때에 인자의 징조가 하늘에서 보이겠고 그때에 땅의 모든 족속들이 통곡하며 그들이 인자가 구름을 타고 능력과 큰 영광으로 오는 것을 보리라(마 24:30).

이런 장면을 요한계시록 19장에서도 찾아볼 수 있습니다. 사도 요한은 18장에서 견고한 성 바벨론의 몰락을 언급한 후 다음과 같이 말합니다.

> 이 일 후에 내가 들으니 하늘에 허다한 무리의 큰 음성 같은 것이 있어 이르되 할렐루야 구원과 영광과 능력이 우리 하나님께 있도다 그의 심판은 참되고 의로운지라(1-2절).

사도 요한은 두 번째 할렐루야를 부른 뒤에 4절에서 "이십사 장로와 네 생물이 엎드려 보좌에 앉으신 하나님께 경배하여 이르되 아멘 할렐루야"라고 찬양을 드립니다. 나라와 권세와 영광이 우리 주님께 있음을 보여 주는 대목입니다. 그런 다음 '아멘'으로 끝마칩니다.

다니엘 시대에 나라와 권세와 영광은 누구에게 있었습니까? 그 당시의 모든 백성은 나라와 권세와 영광이 대제국 바벨론의 느부갓네살 왕에게 있는 것으로 알았습니다. 그는 바벨론에서 함무라비 대왕 이후 가장 훌륭한 왕으로 추앙받던 사람입니다. 그가 소유한 모든 나라와 권세와 영광을 부정하는 자는 반역자로서 즉각 처형되었습니다. 이런 서슬 퍼런 권세 앞에서 다니엘은 나라와 권세와 영광이 영원히 우리 하나님 아버지께만 있음을 고백합니다. 우리가 다니엘이라면 어떠했을까요? 목숨을 부지하기 위해 타협을 하지 않았을까요?

다니엘은 그렇지 않았습니다. 나라를 잃고 포로로 잡혀 왔지만 그는 뜻을 정하여 하나님 앞에서 자신의 믿음을 지켰습니다. 그는 왜 목숨을 걸면서까지 이런 고백을 했을까요? 왜 이런 시기에 이렇게 특별한 고백을 했을까요? 하나님께만 나라와 권세와 영광이 있음을 인정하고 고백하는 것이 생명보다 더 소중했기 때문입니다.

우리도 이런 고백을 하며 하나님의 영광을 위해 살아야 합니다. 하나님의 영광을 추구하지 않는 사람은 절대로 자신의 기도를 송영으로 마칠 수 없습니다. 기도의 모든 열정을 자신의 유익과 만족을 위해서만 쏟고, 자신의 현세적 필요를 구하다가 양념 치듯 하나님의 것을 구하는 사람은 삼위 하나님의 나라의 권세와 영광을 모릅니다. 그런 사람은 송영으로 기도를 마칠 수 없습니다.

송영으로 기도를 마치는 사람은 세상의 영광을 추구하는 자신을 버리게 됩니다. 하나님의 이름과 나라와 뜻을 그 무엇보다 먼저 구하며, 우리의 모든 필요도 하나님께 영광을 돌리는 수단으로 여기기에 모든 것에 감사하고 찬송하면서 기도를 마칠 수 있습니다. 우리가 구하는 매일의 필요를 아버지께서 주시고, 죄악된 삶의 전쟁에서 거룩하신 성령님의 능력으로 이기며, 세상의 모든 시험이 나를 흔들어 정신을 어지럽게 해도 아버지의 권세와 능력을 확신하기에 송영으로 기도를 마칠 수 있습니다.

그리스도에게 주신 나라와 권세와 영광이 우리의 것이 된다

그런데 놀라운 일이 한 가지 더 생깁니다. 다시 다니엘 7장을 봅시다.

다니엘의 환상에서는 네 짐승과 권세와 영광과 나라를 가지신 인자 같은 이가 싸움을 합니다. 네 짐승과 열 뿔은 말로 인자를 대적하며 성도들을 괴롭힙니다(25절). 하지만 심판이 시작되면 그들은 권세를 빼앗기고 맙니다. 완전히 멸망합니다(26절). 그리고 "나라와 권세와 온 천하 나라들의 위세가 지극히 높으신 이의 거룩한 백성에게 붙인 바 되리니 그의 나라는 영원한 나라이라 모든 권세 있는 자들이 다 그를 섬기며 복종하[게]"(27절) 될 것입니다. 놀랍게도 그의 거룩한 백성인 우리에게 나라와 권세와 영광을 주신다는 말씀입니다. 영원한 왕이신 그리스도에게 주신 나라와 권세와 영광이 우리의 것이 된다는 말씀입니다.

얼마나 감격스러운 일입니까? 하나님이 우리를 얼마나 사랑하시는지요. 우리를 아버지라 부르게 하시고 자녀 삼아 주시며 기도를 가르쳐 주신 이유가 당신의 모든 것을 주시기 위함이 아니고 무엇입니까? 자녀이니 모든 것을 상속해 주시는 것입니다. 우리 주님은 분명히 약속하셨습니다. "보라 내가 속히 오리니 이 두루마리의 예언의 말씀을 지키는 자는 복이 있으리라"(계 22:7). "의로운 자는 그대로 의를 행하고 거룩한 자는 그대로 거룩하게 하라 보라…내가 줄 상이 내게 있어 각 사람에게 그가 행한 대로 갚아 주리라"(계 22:11-12).

하늘 아버지께서 당신의 아들을 통해 당신께 나아오는 방법을 우리에게 가르쳐 주셨습니다. 당신과 매일 만나 교제하는 방법을 알려 주신 것입니다. 주기도문에서 배운 내용을 확신하며 간구하시기 바랍니다. 큰 확신을 가지고 담대히 아버지의 보좌로 나아가시기 바랍니다. 아버지는 분명 우리의 기도를 들으십니다. 그리고 응답하십니다. "주 예수의 은혜가 모든 자들에게 있을지어다 아멘"(계 22:21).

맺는 글
나를 내려놓고 기도할 시간

지금까지 주님이 가르쳐 주신 기도를 통해 무엇을 어떻게 기도해야 하는지 살펴보았습니다. 기억할 것은, 기도는 단순히 자신에게 필요한 것을 하나님께 말씀 드리는 시간이 아니라는 것입니다. 나의 경건함을 사람들 앞에 드러내고 나의 마음을 아름다운 종교적 언어로 풀어내는 시간도 아닙니다. 기도는 삼위 하나님과 나누는 완벽한 교제의 시간입니다.

우리가 아무리 열심히 기도해도 하나님이 '듣지 않으시는 기도'가 있습니다. 그것은 내가 드러나는, 내가 중심이 되는 기도입니다. 내 기도를 들으시는 하나님이 어떤 분인지 모르고 드리는 잘못된 기도입니다. 반면에 '들으시는 기도'는 하나님만 세우는, 하나님께 영광 돌리며, 나에게 필요한 모든 수단들도 하나님의 영광을 위한 것임을 알며 만족하는 기도입니다. 하나님은 이런 기도를 원하시고 기뻐하십니다. 성경은 분명히 말합니다.

> 그의 성호를 자랑하라 여호와를 구하는 자마다 마음이 즐거울지로다(대상 16:10).

> 자랑하는 자는 이것으로 자랑할지니 곧 명철하여 나를 아는 것과 나 여호와는 사랑과 정의와 공의를 땅에 행하는 자인 줄 깨닫는 것이라 나는 이 일을 기뻐하노라 여호와의 말씀이니라(렘 9:24).

하나님은 우리가 하나님을 바르게 아는 것을 기뻐하십니다. 사랑하는 사람들은 서로를 깊이 압니다. 하나님은 우리가 당신을 아는 지식으로 우리 삶이 부요해지고 행복해지길 바라십니다. 그래서 우리는 이 책에서 삼위 하나님이신 성자 예수님이 가르치신 기도를 통해 하나님을 알아가는 여행을 했습니다. 삼위 하나님이 자신을 가장 잘 알려 주시고, 우리가 그분을 잘 알 수 있는 교제가 바로 기도이기 때문입니다. 여섯 가지의 간구와 부름과 송영까지 합쳐 여덟 단락의 메시지를 통해 우리의 기도를 들으시는 하나님 아버지에 대한 지식이 더욱 깊어지고 참된 교제의 시간을 갖게 되길 바랍니다.

기도는 역사하는 힘이 큽니다. 기도하는 가운데 많은 이들이 기적을 체험했습니다. 그 기적이란 우리 현실에서 어떤 새로운 신기루를 찾는 게 아니라 기도를 통해 그 응답으로 하나님의 영광이 드러나고 하나님께 모든 것을 공급받는 것을 말합니다. 안타깝게도 우리 주변에는 '기도하지 않는 기적'도 많이 일어납니다. 기도하지 않으면서도 아무렇지도 않게 살아가는 기적 아닌 기적입니다.

이젠 참된 의미의 기적을 만드시기 바랍니다. 기도하지 않고 당당히 살아가는 것은 기적이 아닙니다. 어쩌면 신자의 길을 포기한 것과 같습니다. 하나님과 교제 없이 사는 삶은 살아 있으나 죽은 것과 같기 때문입니다. 우리의 일상에 크고 작은 기도의 기적을 만듭시다. 그러자면 삶의 현장 곳곳에 기도 모임이 많아져야 합니다. 먼저 나만의 작은 기도골방을 만드는 일로 시작하십시오. 하나님이 우리 마음을 움직이시고 삶의 방향을 바꾸어 주시길 간절히 바라십시오.

주님은 우리의 의지가 얼마나 불완전한지 잘 아십니다. 그렇기에 "시험에 들지 않게 깨어 있어 기도하라"면서도 "마음에는 원이로되 육신이 약하도다"라고 말씀하셨습니다(막 14:38).

우리의 의지만으로는 안 됩니다. 그럼 어떻게 해야 합니까? 역설적이게도 우리의 의지는 불완전하기에 "모든 기도와 간구를 하되 항상 성령 안에서 기도하고 이를 위하여 깨어 구하기를 항상 힘쓰며"(엡 6:18) "쉬지 말고 기도"(살전 5:17)해야 합니다. 의지가 약하니 성령님께 힘을 달라고 기도해야 합니다. 주위에 기도하지 못하는 친구들을 위해 기도해야 합니다. 우리의 공동체와 지역 교회와 한국 교회를 위해 기도해야 합니다. 이제 나를 내려놓고 기도할 시간입니다.

하늘에 계신 우리 아버지여

이름이 거룩히 여김을 받으시오며

나라가 임하시오며

뜻이 하늘에서 이루어진 것같이 땅에서도 이루어지이다

오늘 우리에게 일용할 양식을 주시옵고

우리가 우리에게 죄 지은 자를 사하여 준 것같이

우리 죄를 사하여 주시옵고

우리를 시험에 들게 하지 마시옵고

다만 악에서 구하시옵소서

(나라와 권세와 영광이 아버지께 영원히 있사옵나이다 아멘)

-마태복음 6장 9-13절

주기도문 관련 추천 도서

주기도문과 각 간구에 대해 더 깊이 묵상하고 싶은 분들을 위한 도서 목록입니다. 이 책을 쓰면서 도움을 많이 받은 책을 중심으로 소개합니다.

첫 번째 간구 - 아버지의 거룩하심

토마스 왓슨 『하나님을 경외하는 사람』

말로만 하나님을 경외하거나 영광 돌리지 않고 실제 인격과 생활에 변화를 가져오는 것이 무엇인지 잘 설명합니다. 특히 말라기 3장 16-18절을 통해 어떤 사람이 하나님의 진정한 복을 받는지 이야기합니다.

두 번째 간구 - 아버지의 나라

마틴 로이드 존스 『하나님 나라』

하나님나라를 하나님의 통치와 그분의 의로 다스리는 나라로 정의합니다. 열두 번에 걸친 연속 설교를 모은 내용으로 예수님이 선포하신 하나님나라를 잘 보여 줍니다.

세 번째 간구 - 아버지의 뜻

정요석 『내 뜻인가 하나님 뜻인가』

하나님의 뜻과 내 뜻 사이에서 방황하는 근본 이유를 잘 설명합니다. 단순히 무엇이 하나님의 뜻인지 정의하기보다 우리가 분별하고 알아야 할 성경의 핵심적 가르침을 줍니다. 특히 일상에서 인간의 모든 목적과 수단은 하나님의 목적과 수단과 어떤 관계가 있는지 이야기합니다.

네 번째 간구 - 우리의 양식

랜디 알콘 『돈 소유 영원』

물질만능주의를 살아가는 이 시대에 영원의 관점에서 돈과 소유를 어떻게 봐야 하는지 잘 설명합니다. 책 두께의 압박이 있지만, 하루의 일용할 양식으로 만족하며 살아가는 삶에 대한 귀한 지침을 얻을 수 있습니다.

다섯 번째 간구 - 우리의 용서

루이스 스미디스 『용서의 미학』

용서는 다루기 어려운 주제입니다. 실천이 그만큼 어렵고 힘들기 때문입니다. 이 책은 용서에 대한 잘못된 생각들, 상처받은 영혼들이 어떻게 자유로워질 수 있는지 잘 풀었습니다. 용서하는 이유, 대상, 방법이 상세히 나와 있습니다. 특히 용서 방법에 대한 자세한 설명이 유용할 것입니다.

여섯 번째 간구 - 우리의 시험

존 맥아더 『진리 전쟁』

유다서의 말씀을 통해 속임과 가짜가 난무한 시대에 진리가 무엇인지 보여 줍니다. 시대의 옷을 입고 자신의 모습을 숨긴 채 진리를 공격하는 사탄의 전략에 맞서 어떻게 해야 승리할 수 있는지 잘 주해했습니다.

기도에 대하여

헤르만 셀더르하위스 『중심에 계신 하나님』

칼빈의 마지막 주석이었던 시편을 분석한 책입니다. 전문 신학서이지만 시편에서 말하는 하나님 중심의 생각과 고백의 진수를 만날 수 있습니다. 찬양과 기도 생활이 더욱 풍성해질 것입니다.

제럴드 L. 싯처 『하나님이 기도에 침묵하실 때』

기도하면서 어려운 점은 하나님이 내 기도에 침묵하신다는 것입니다. 구해도 응답하지 않으시는 것이지요. 저자는 자신의 사랑하는 가족을 잃은 경험을 통해 이 문제를 잘 풀어내고 있습니다. 특별한 상처가 있는 분들이라면 더욱 많은 위로를 받을 것입니다. 응답받는 기도에 대한 새로운 통찰을 줍니다.

케빈 드영 『미친 듯이 바쁜』
다들 바쁘다는 말을 입에 달고 살아갑니다. 정말 미치도록 바쁩니다. 왜 바쁜지, 왜 그토록 바쁘게 살아가야 하는지 점검하는 책입니다. 바쁘면 기도할 시간이 없습니다. 이 책을 통해 삶의 우선순위가 무엇인지, 내 삶에서 정리가 필요한 부분은 무엇인지 깨달을 수 있습니다.

김남준 『깊이 읽는 주기도문』
주기도문에 관한 궁금증을 풀어 주는 책입니다. 제 책을 읽으면서 부족한 부분이 있다면 이 책을 열어 보십시오. 아마도 대부분 대답이 되어 있을 것입니다.

한병수 『기도란 무엇인가』
성경에서 말하는 기도를 가장 잘 설명한 책입니다. 주기도문을 하나님을 아는 것과 분리할 수 없듯, 기도는 하나님을 바로 알고 행하며 누리는 것입니다. 기도의 신학을 정립할 수 있는 최고의 책입니다.